CW00942926

ESPAÑOL
2000

NIVEL MEDIO

NIEVES GARCÍA FERNÁNDEZ

JESÚS SÁNCHEZ LOBATO

ESPAÑOL 2000

NIVEL MEDIO

COLOQUIO
EDITORIAL

Juan A. Mendizábal, 65
Teléf. 248 57 36
28008 Madrid

SOCIEDAD GENERAL
ESPAÑOLA DE LIBRERÍA, S. A.

Avda. de Valdelaparra, 39
ALCOBENDAS (Madrid)

Primera edición, 1981.
Segunda edición, 1982.
Tercera edición ampliada, 1983.
Cuarta edición, 1985.
Quinta edición, 1986.
Sexta edición, 1987.
Séptima edición, 1988.
Octava edición, 1989 (mayo).
Novena edición, 1989 (septiembre).
Décima edición, 1990.
Undécima edición, 1991.

Produce:
SGEL-Educación
Marqués de Valdeiglesias, 5 - 28004 Madrid

CONTENIDO DEL MÉTODO

Español 2000: Nivel Elemental Alumno.
Español 2000: Nivel Elemental Cassettes.
Español 2000: Nivel Elemental Cuaderno.
Español 2000: Nivel Elemental Cuaderno Cassettes

Español 2000: Nivel Medio Alumno.
Español 2000: Nivel Medio Cassettes.
Español 2000: Nivel Medio Cuaderno.
Español 2000: Nivel Medio Cuaderno Cassettes.

Español 2000: Nivel Superior Alumno.

© Nieves García Fernández y Jesús Sánchez Lobato, 1981.
© Editorial Coloquio y Sociedad General Española de Librería, Madrid, 1983.

Ilustraciones: ESTUDIO 3 (Madrid).
Maqueta: J. Martínez.
Cubierta: ESTUDIO 3 (Madrid).

I.S.B.N.: 84-7143-448-2.
Depósito legal: M. 2193-1991.
Impreso en España - Printed in Spain.

Composición: RAIZ, S. L., FOTOCOMPOSICION.
Imprime: SELECCIONES GRAFICAS.
Encuadernación: ARANCHAMAGO.

Presentación

El "Español 2000", tras un largo periplo de experimentación, se presenta al estudiante de español con renovada ilusión y los interiores mejor ajustados para su fin primordial: proporcionar los mecanismos necesarios para acceder a la lengua española y, por ende, a su cultura.

El "Español 2000" está estructurado en los tres niveles ya convencionales: Elemental, Medio y Superior. Creemos, pese a su convencionalismo, que tal distribución cumple una extraordinaria función didáctica y pedagógica: cada uno de los niveles está programado de tal modo que, por sí mismos, cumplen las exigencias de programación del año escolar de cualquier institución dedicada al quehacer de la enseñanza del español como segunda lengua.

El "Español 2000" pretende ser un método ágil, en el que lo situacional y los mecanismos de la lengua corran paralelos, pero perfectamente graduados según los niveles que lo componen. En cada uno de ellos subyace como punto de partida lo normativo, pero tendiendo siempre a incrustarse en lo más vivo y expresivo de la lengua.

El "Español 2000" es consciente de la abnegada labor del profesor, dedicado a la enseñanza de lenguas, y del papel primordial que este método les confiere.

A él, en particular, y a sus alumnos, en general, va dedicado este método.

El "Español 2000" quisiera, por último, servir de vehículo, por mínimo que fuera, a un mejor conocimiento de la lengua y cultura españolas.

Los Autores

NOTA A LA PRESENTE EDICION

Han pasado ocho años desde que el "Español 2000. Nivel Medio" viera la luz por vez primera. Ni qué decir que, a lo largo de estos años, "El Español 2000" se ha enriquecido con las aportaciones que nos han hecho llegar tanto profesores como alumnos. Para los autores es motivo de satisfacción comprobar que el principio que lo inspiró sigue siendo ahora tan válido como entonces. Esta convicción es la que nos ha llevado a preparar esta nueva edición, revisando algunos aspectos y ampliando otros, con la esperanza de continuar siendo útiles a los estudiantes que se acercan a conocer la lengua y cultura españolas.

CONTENIDO

Págs.

PRESENTACIÓN 5

LECCIÓN 1
UNA ENTREVISTA
CON EL JEFE
DE PERSONAL
Imperfecto/Indefinido. Uso de los tiempos de Indicativo. Indefinidos irregulares. Participios de Perfecto irregulares 9

LECCIÓN 2
UNA TARDE EN EL CINE
Presente de Subjuntivo: verbos irregulares. Usos del Subjuntivo. No + Presente de Subjuntivo. La conjunción cuando + Subjuntivo. 20

LECCIÓN 3
EN LA ESTACIÓN
Pretérito Perfecto de Subjuntivo. Verbos que rigen Subjuntivo. Conjunciones + Subjuntivo. Estructura de SER/ESTAR + adjetivo + preposición 31

LECCIÓN 4
LA VIDA EN LA
GRAN CIUDAD
Pretérito Imperfecto de Subjuntivo: verbos regulares. Pretérito Imperfecto de Subjuntivo: verbos irregulares. Condicional Simple: verbos regulares e irregulares. Oraciones Condicionales Irreales 40

LECCIÓN 5
EN LA MONTAÑA
Pretérito Pluscuamperfecto de Subjuntivo. Condicional Compuesto. Esquema de la frase condicional. Expresión del deseo 50

LECCIÓN 6
UN ENCUENTRO CASUAL
Estilo directo e indirecto. Orden/mandato en el estilo indirecto. Preposiciones 60

LECCIÓN 7
VISITA A UN MUSEO
La voz pasiva. La pasiva refleja. Pasiva de estado. Formas impersonales. Verbos modales + Gerundio. Algunos valores del Gerundio. Diminutivos. 70

LECCIÓN 8
EN LA FACULTAD
Expresión de la causa. Expresión de la consecuencia. Expresión del tiempo. 82

LECCIÓN 9
NOCHE DE FIESTA
Expresión de la condición. Prefijación. El adverbio 91

LECCIÓN 10
VISITA A UNA REDACCIÓN
Expresión de la concesión. Expresión de la finalidad. Formación de palabras: la composición. Sufijación: adjetivos 101

LECCIÓN 11
LA DESPEDIDA
Expresión de la comparación. Expresión del tiempo. Expresión del lugar y del modo. Sufijación: adjetivos y nombres. Interjecciones 112

LECCIÓN 12
ESPAÑA Y SU SITUACIÓN
EN EL MUNDO

La concordancia. Plural de los nombres. Prefijación de intensidad. Evolución de la población..................................... 122

LECCIÓN 13
LA LENGUA ESPAÑOLA:
SU DIFUSIÓN

Usos y valores de **por**. Usos y valores de **para**. Valores y usos de **porqué, porque, por qué, por que**. Raíces prefijas. El catalán, el gallego, el vasco 129

LECCIÓN 14
HISPANOAMÉRICA

El verbo ser. El verbo estar. Locuciones latinas. Expresiones. Hernán Cortés 136

LECCIÓN 15
EL ESPAÑOL
EN AMÉRICA

Formas no personales: el Infinitivo. Formas no personales: el Gerundio. Formas no personales: el Participio. Expresiones. La influencia del andaluz en el español de América 142

LECCIÓN 16
EL TURISMO

Perífrasis verbales: Infinitivo, Gerundio y Participio. Verbos con dos participios. Expresiones. La más bella plaza 149

LECCIÓN 17
LA EMIGRACIÓN

Valores del Presente de Indicativo, Imperfecto de Indicativo, Futuro Imperfecto de Indicativo. Expresiones. Características de la emigración hacia el exterior.................................... 157

LECCIÓN 18
LA DIVERSIDAD
PENINSULAR

Valores y usos del Condicional Simple. Valores y usos del Pretérito Indefinido/Pretérito Perfecto. Valores y usos del Pretérito Pluscuamperfecto/Pretérito Anterior. Valores y usos del Futuro Perfecto/Condicional Compuesto. Expresiones. El río Ebro 164

LECCIÓN 19
EL FÚTBOL

El Modo Subjuntivo: Presente, Pretérito Imperfecto, Pretérito Perfecto, Pretérito Pluscuamperfecto. Correspondencia de los tiempos del modo Subjuntivo con los del Indicativo. Semana Santa en Sevilla 172

LECCIÓN 20
PRENSA Y POLÍTICA

Usos del Imperativo. Usos de Se. Raíces Sufijas. Abreviaturas más usadas. La prensa sensacionalista........................... 179

LECCIÓN 21
LA FIESTA
DE TOROS

Regulación de nombres extranjeros. Empleo de los numerales: Cardinales/Ordinales 185

Alfabeto Fonético Internacional 195
Cuadro de los fonemas del español........................... 196
Cuadro de los sonidos del español 197
Atención 198
Reglas de acentuación ortográfica 199
La entonación 200
Los signos de puntuación 201

APÉNDICE
Verbos irregulares... 202

LECCIÓN 1
UNA ENTREVISTA CON EL JEFE DE PERSONAL

El jefe: Buenos días, señorita. Tome asiento, por favor. ¿En qué puedo servirle?

Pilar: Buenos días. Vengo para informarme sobre el anuncio que ustedes publicaron ayer en el periódico, en el que solicitaban una secretaria para la sección de correspondencia con el extranjero.

El jefe: ¡Ah, sí! ¿Ha traído usted su *curriculum vitae* y el carnet de identidad?

Pilar: Sí, aquí los tiene. ¿Tengo que hacer algún examen?

El jefe: Primero le haré unas preguntas, y mañana tendrá usted que hacer unas pruebas prácticas. Vamos a ver, ¿ha trabajado usted antes en alguna empresa?

Pilar: Sí, el año pasado estuve de secretaria en una oficina de seguros y este año he trabajado como traductora de inglés en una empresa comercial. Ahora estoy en paro porque la empresa tuvo que cerrar por suspensión de pagos.

El jefe: ¿Cuántos años ha estudiado usted inglés?

Pilar: En total, cinco años. En mil novecientos ochenta me fui a Londres para perfeccionar mis conocimientos. Por las mañanas trabajaba como chica *au-pair* en casa de una familia inglesa que tenía dos niños pequeños. Por las tardes iba a clase a una academia privada, donde obtuve el certificado que adjunto en mi *curriculum vitae*.

El jefe: Muy bien, de acuerdo. Como usted habrá leído en nuestro anuncio, la jornada laboral en nuestra empresa es de ocho a tres de la tarde, excepto sábados. El sueldo que ofrecemos es de noventa mil pesetas mensuales más dos pagas extraordinarias. Si usted es admitida, tendrá derecho a veintiocho días de vacaciones al año.

MATRIMONIO doméstico con carné, ofrécese. El, mozo profesional-jardín. Ella, cocinera-repostera. Informados. 2751566.

COCINERA interna. 2312526.

INTERNA responsable, informada. 2312526.

ADMINISTRATIVOS

b) Solicito

MECANOGRAFIADOS composición. 4594670.

SECRETARIA inglés-español. 2450968.

VARIOS

a) Ofrezco

COMPAÑIA internacional amplia plantilla, trabajo fácil oficina, media jornada. Señor Flores. 2419096, 2419097.

QUIERE ocupar su tiempo libre. Llámeme. Señor Majadas. 2329006.

GANE dinero en tiempo libre no vendedores. Señorita Fátima. 2488008.

COMPAÑIA internacional amplia plantilla, trabajo fácil, horario flexible. 100.000 superables. 2419096. Señorita Calabria.

DOS puestos dirección, 25-50 años, media jornada. 100.000 superables. 2329005-6-7-8. Señorita Navarro.

NECESITA ganar dinero. Tiene tiempo libre, llámeme. Señor Marcos. 2473073, 2488005.

PROFESION con futuro, azafata, auxiliar vuelo, prácticas trabajo en empresas, matriculación totalmente subvencionada. Información: 2390204.

SEÑOR 40 años, trabajo cómodo por horas. 4795011.

CAPTADORES-vendedores comisión. 4795011.

PERSONAS serias dirigir negocio. 135.000 superables. Señor Humanes. 2473073.

LABORATORIO alta cosmética selecciona señorita 23-28 años, presencia agradable, inglés comercial hablado y escrito, francés (no indispensable), taquimecanografía. Sólo mañanas. Dirigirse con fotografía al Apartado 166, Madrid (M-NM-185).

35 personas, oficina comercial. Gutiérrez. 2488005.

SEÑORITA para pub. 5.000 mínimo. 8888286 (M-1654.231).

NECESITANSE dos señoritas para cafetería pub. 8888286 (M-1654.237)

SUPERABLES 90.000, mayo60 res de 25 años, teléfono 2488008. Señorita Cancelado.

Pilar: ¿A qué hora serán mañana las pruebas y en qué consistirán?

El jefe: Mañana empezaremos a las ocho en punto. Les haremos a todos los candidatos un dictado y una traducción del inglés al español. También tendrán ustedes que escribir a máquina para ver cuántas pulsaciones por minuto tiene cada uno de los aspirantes a este puesto.

Pilar: De acuerdo. Muchas gracias por su información y hasta mañana.

El jefe: Hasta mañana, señorita, ¡y sea usted puntual!

Preguntas:

1. ¿Para qué se entrevista Pilar con el jefe de personal?
2. ¿Qué se solicita en el anuncio publicado en el periódico?
3. ¿Tiene Pilar experiencia como secretaria?
4. ¿Por qué está Pilar ahora en paro?
5. ¿Cuándo se fue Pilar a Londres y qué hizo allí?
6. ¿Qué conocimientos de inglés tiene Pilar?
7. ¿Cuál es la jornada laboral de la empresa? ¿Y el sueldo?
8. ¿A cuántos días de vacaciones tendrá derecho Pilar si es admitida?
9. ¿En qué consistirán las pruebas que tendrá que hacer Pilar para ser admitida?
10. ¿En qué trabaja Ud.? ¿Por qué ha escogido Ud. la profesión que tiene?

ESQUEMA GRAMATICAL 1

RECUERDE: PRETÉRITO IMPERFECTO DE INDICATIVO					
	-AR		**-ER**		**-IR**
(yo)	**trabajar** trabaj-**aba**	**comer**	com-**ía**	**vivir**	viv-**ía**
(tú)	trabaj-**abas**		com-**ías**		viv-**ías**
(él, ella, Ud.)	trabaj-**aba**		com-**ía**		viv-**ía**
(nosotros/as)	trabaj-**ábamos**		com-**íamos**		viv-**íamos**
(vosotros/as)	trabaj-**abais**		com-**íais**		viv-**íais**
(ellos, ellas, Uds.)	trabaj-**aban**		com-**ían**		viv-**ían**
IRREGULARES: SER .... ERA IR .... IBA					

USOS: 1) Acción contemplada como durativa.
«Cuando éramos jóvenes, sólo queríamos pasarlo bien.»

2) Acciones repetitivas en el pasado.
«Por las mañanas iba a una academia de idiomas.»

3) Descripciones en el pasado.
«Mi abuelo era catalán, tenía el pelo completamente blanco y siempre estaba de buen humor.»

EJERCICIO I. Utilice el pretérito imperfecto

Ahora llueve muy poco en invierno.   — *Antes llovía más.*

1. Ahora hay mucho tráfico
   en esta carretera.   — Antes había menos.
2. Ahora estás más delgada.   — Antes estabas gorda
3. Yo ahora fumo poco.   — Antes fumaba más
4. Nosotros ahora no tenemos coche. — Antes teníamos uno
5. Ud. ahora juega muy bien al tenis. — Antes jugaba peor mal
6. Ella ahora habla inglés muy bien. — Antes hablaba muy mal
7. Vosotros ahora vais menos al cine. — Antes ibais más
8. Él ahora apenas trabaja.   — Antes trabajaba mucho
9. Ellos ahora salen muy poco de casa. — Antes salían mucho
10. Esta calle es ahora muy ruidosa. — Antes era tranquilo

EJERCICIO II. Ponga el verbo entre paréntesis en imperfecto

1. Mi abuelo ...iba..... (ir) todos los domingos al fútbol.
2. Cuando yo ...era..... (ser) niño, ...tenía.... (tener) miedo de las tormentas.
3. Mientras ella ..hacía.... (hacer) la comida, él ..ponía... (poner) la mesa.
4. Siempre que él nos ..visitaba.. (visitar), nos ..traía.... (traer) flores.
5. Cuando nosotros estudiábamos (estudiar) en Salamanca, solíamos (soler) comer en un restaurante muy económico.
6. Todos los fines de semana Juan ...daba.... (dar) un paseo por el parque.
7. Cada vez que él nos ..veía..... (ver), nos ..pedía.... (pedir) dinero.
8. La casa en donde mis abuelos ..vivían. (vivir) ..tenía. (tener) un jardín grandísimo.
9. Nuestro padre ..era..... (ser) un hombre muy liberal y siempre estaba (estar) dispuesto a dialogar con nosotros.
10. El niño ..estaba... (estar) enfermo desde ..hacía.. (hacer) dos días.

11

ESQUEMA GRAMATICAL 2

PRETÉRITO INDEFINIDO DE INDICATIVO

	-AR		-ER		-IR	
(yo)	**trabajar**	trabaj-**é**	**comer**	com-**í**	**vivir**	viv-**í**
(tú)		trabaj-**aste**		com-**iste**		viv-**iste**
(él, ella, Ud.)		trabaj-**ó**		com-**ió**		viv-**ió**
(nosotros/as)		trabaj-**amos**		com-**imos**		viv-**imos**
(vosotros/as)		trabaj-**asteis**		com-**isteis**		viv-**isteis**
(ellos, ellas, Uds.)		trabaj-**aron**		com-**ieron**		viv-**ieron**

FORMAS IRREGULARES

Andar: anduve, anduviste, anduvo, anduvimos, anduvisteis, anduvieron.
Caber: cupe, cupiste, cupo, cupimos, cupisteis, cupieron.
Conducir: conduje, condujiste, condujo, condujimos, condujisteis, condujeron.
Decir: dije, dijiste, dijo, dijimos, dijisteis, dijeron.
Estar: estuve, estuviste, estuvo, estuvimos, estuvisteis, estuvieron.
Haber: hube, hubiste, hubo, hubimos, hubisteis, hubieron.
Hacer: hice, hiciste, hizo, hicimos, hicisteis, hicieron.
Ir/Ser: fui, fuiste, fue, fuimos, fuisteis, fueron.
Poder: pude, pudiste, pudo, pudimos, pudisteis, pudieron.
Poner: puse, pusiste, puso, pusimos, pusisteis, pusieron.
Querer: quise, quisiste, quiso, quisimos, quisisteis, quisieron.
Traer: traje, trajiste, trajo, trajimos, trajisteis, trajeron.
Tener: tuve, tuviste, tuvo, tuvimos, tuvisteis, tuvieron.
Venir: vine, viniste, vino, vinimos, vinisteis, vinieron.

USOS: a) Acción cerrada (contemplada como concluida en el pasado).
«Cuando terminó la televisión, nos fuimos a dormir».

b) Acción única en el pasado.
«Mi hijo mayor nació en 1958».

EJERCICIO III. Utilice el indefinido

Hoy hace mucho frío/*Ayer.*   — *Ayer hizo mucho frío.*

1. Esta semana tengo mucho
trabajo/*La semana pasada.*   — tuve mucho trabajo
2. Hoy no podemos ir a pasear/*Ayer.*   — no pudimos ir a pasear

3. Este jueves es día de fiesta/
   /El jueves pasado. — fue día de fiesta

4. Este año María está estudiando
   inglés en Londres/El año pasado. — estuvo estudiand inglés en Dublín

5. Él viene esta tarde en tren/
   /Ayer por la tarde. — vino en tren

6. El próximo domingo vamos a la
   ópera/El domingo pasado. — fuimos a la ópera

7. Hoy por la noche hay un concierto
   de rock/Ayer. — hizo un concierto de rock

8. Ellos viven ahora en París/
   /El año pasado. — vinieron en París

9. La radio retransmite hoy un
   partido muy interesante/Ayer. — retransmitó un partido

10. Ella trabaja ahora en una empresa
    extranjera/El mes pasado. — trabajó en una empresa pequeña

EJERCICIO IV. Ponga el verbo entre paréntesis en indefinido

1. Pablo Neruda ....nació.......... (nacer) en Chile en 1904 y ....murió.......... (morir) en Santiago en 1973.

2. En 1484 Colón ....llegó........ (llegar) a España y ....habló........ (hablar) con los Reyes Católicos de su idea de ir a la India por el Atlántico.

3. Los árabes ....estuvieron...... (estar) en España desde el año 711 hasta el año 1492.

4. La primera parte del Quijote ..apareció.......... (aparecer) en Madrid en 1605; diez años más tarde se ....publicó.... (publicar) la segunda parte.

5. Pablo Picasso (1881-1975) ....ingresá........ (ingresar) a los diez años en el Instituto de Enseñanza Media de la Guarda, donde ....realizó.............. (realizar) sus primeros pasos artísticos.

ESQUEMA GRAMATICAL 3

PRETÉRITO PERFECTO DE INDICATIVO: PRESENTE DE INDICATIVO DE «HABER» + PARTICIPIO DE PERFECTO PRETÉRITO PLUSCUAMPERFECTO DE INDICATIVO: PRETÉRITO IMPERFECTO DE INDICATIVO DE «HABER» + PARTICIPIO DE PERFECTO					
	Presente	Imperfecto	-AR	-ER	-IR
(yo)	he	había	comprado	comido	salido
(tú)	has	habías	comprado	comido	salido
(él, ella, Ud.)	ha	había	comprado	comido	salido
(nosotros/as)	hemos	habíamos	comprado	comido	salido
(vosotros/as)	habéis	habíais	comprado	comido	salido
(ellos, ellas, Uds.)	han	habían	comprado	comido	salido

PARTICIPIOS DE PERFECTO IRREGULARES

abrir	→ abierto	poner	→ puesto
cubrir	→ cubierto	reponer	→ repuesto
decir	→ dicho	resolver	→ resuelto
escribir	→ escrito	romper	→ roto
hacer	→ hecho	ver	→ visto
morir	→ muerto	volver	→ vuelto

USOS DEL PERFECTO

a) Acción acabada en un pasado asociado al presente:
«Hoy ha llovido mucho».

b) Se usa con las siguientes expresiones temporales: «hoy, hasta ahora, esta mañana, esta semana, este mes, este año...»
«Esta mañana he estado en el Rastro».

USO DEL PLUSCUAMPERFECTO

a) Acción pasada, acabada en un momento dado del pasado:
«Cuando llegamos a su casa, él ya se había ido».

EJERCICIO V. Forme el perfecto

Él viene hoy.   — *Él ha venido hoy.*

1. Hoy vamos al concierto. — *hemos ido al concierto*
2. Esta tarde me quedo en casa. — *me he quedado en casa*
3. El herido tiene que ser operado enseguida. — *ha tenido que ser*
4. Hoy hace mucho frío. — *ha hecho mucho frío*
5. Él siempre nos ayuda. — *nos ha ayudado*
6. Este fin de semana no podemos jugar al tenis. — *no hemos podido jugar al tenis*
7. Mi hermano termina este año sus estudios. — *ha terminado este año sus estudios*
8. Esta semana estoy muy ocupado. — *he estado muy ocupado*
9. La función de teatro empieza hoy a las 7. — *ha empezado a las 7 a la tarde*
10. Hoy hay paella de primer plato. — *ha habido paella de primer plato* (hubo) *habido*

1. *Cuando me desperté, ya era de día.*

2. Ayer no ..*fui*..... (ir) a trabajar porque le me *dolía* (doler) mucho la cabeza.

3. Aunque ..*llovía*.. (llover) a cántaros, ellos *hizieron* hacer la excursión.

4. Como no ..*había*.. (haber) entradas para el concierto, ..*daba*.. (dar) un paseo por el parque.

5. Cuando ella ..*estaba*.. (estar) en Londres, la vida ..*era*.. (ser) más barata.

6. Mi coche ..*derrapó*.. (derrapar) porque la carretera ..*estaba*.. (estar) muy resbaladiza.

7. La casa donde vosotros ..*vivíais*.. (vivir) antes ..*tenía*.. (tener) un hermoso jardín.

8. La obra que ..*vimos*.. (ver) ayer nos ..*gustó*.. (gustar) mucho.

9. El avión no ..*pudo*.. (poder) salir porque ..*había*.. (haber) mucha niebla.

10. Cuando ella se ..*casó*.. (casarse), sólo ..*tenía*.. (tener) 18 años.

EJERCICIO VI. Conjugue el verbo entre paréntesis en perfecto o pluscuamperfecto

1. Cuando te ...*he llamado*... (llamar) esta mañana, tú ya te ...*habías ido*... (ir).
2. No sé dónde ...*he puesto*... (poner) mis gafas.
3. Nosotros no ...*hemos podido*... (poder) ir al concierto porque se ...*habían agotado*... (agotar) las entradas.
4. Ella ...*ha estado*... (estar) enferma toda la semana.
5. Cuando salimos de viaje, aún no ...*había amanecido*... (amanecer).
6. Los niños ...*han roto*... (romper) el cristal de la ventana jugando al fútbol.
7. Esta mañana no ...*han abierto*... (abrir) las panaderías por estar los panaderos en huelga.
8. Cuando ellos llegaron a la estación, el tren ya ...*había salido*... (salir).
9. Tú no me ...*has dicho*... (decir) todavía nada del asunto.
10. Cuando llegó Pedro, nosotros ya ...*habíamos comido*... (comer).

ESQUEMA GRAMATICAL 4

FORMAS REGULARES

Futuro imperfecto			Futuro perfecto	
(yo)	comprar-, ver-, ir-	-é	habré	comprado/visto/ido
(tú)		-ás	habrás	comprado/visto/ido
(él, ella, Ud.)		-á	habrá	comprado/visto/ido
(nosotros/as)		-emos	habremos	comprado/visto/ido
(vosotros/as)		-éis	habréis	comprado/visto/ido
(ellos, ellas, Uds.)		-án	habrán	comprado/visto/ido

FORMAS IRREGULARES

caber → cabr-	-é	querer → querr-
decir → dir-	-ás	reponer → repondr-
haber → habr-	-á	saber → sabr-
hacer → har-	-emos	tener → tendr-
poder → podr-	-éis	valer → valdr-
poner → pondr-	-án	salir → saldr-

USOS DEL FUTURO IMPERFECTO

a) Acción futura en relación al momento en que se habla:
   «Mañana iremos de excursión a Toledo».
b) Para expresar probabilidad, suposición:
   «Pedro estará ya en casa».

a) Acción futura que ya habrá acabado en un momento dado del futuro:
   «Cuando llegues, ya habré preparado la comida».

b) Para expresar probabilidad de una acción terminada en el pasado:
   «Ellos ya habrán llegado a casa».

EJERCICIO VII. Complete el diálogo utilizando los siguientes verbos en futuro:
llamar, volver, estar, tener, hacer, salir, brillar, ir, reservar, pasar, solucionar.

Pepe: ¿Cuándo os marcháis de viaje?

María: Nos .. *vamos* .. mañana después de comer.

Pepe: ¿Habéis hecho ya las maletas?

María: No, las .. *haré* .. esta tarde.

Pepe: ¿Habéis reservado hotel?

María: No sé si Carlos nos lo .. *reservará* .. ya. Le .. *llamaré* .. ahora para preguntárselo. Seguramente .. *estará* .. él ya en casa. ¡Hola, Carlos!, ¿te has acordado de reservarnos hotel?

Carlos: Sí, pero hasta el momento no he encontrado nada. Esta tarde .. *voy* .. a intentarlo y si no hay suerte, .. *tendremos* .. que dormir en el camping.

María: ¿No .. *hará* .. todavía mucho frío para hacer camping?

Carlos: ¡Qué va! Hoy está lloviendo, pero mañana ya .. *habrá pasado* .. la borrasca y .. *brillará* .. de nuevo el sol. ¿A qué hora .. *vuelves* .. mañana de Barcelona?

María: A las cuatro. Supongo que a las siete ya .. *estaré* .. ahí.

Carlos: Muy bien, y no te preocupes. Mañana, cuando lleguéis, yo ya .. *habré solucionado* .. todo. De todas formas no olvidéis traeros la tienda de campaña. Buen viaje y hasta mañana.

María: Gracias por todo y hasta mañana.

17

1. Este verano *pasábamos* (pasar) las vacaciones en un hotel de la Costa del Sol que nos *recomendaron* (recomendar) unos amigos.

2. Todas las mañanas *íbamos* (ir) a la playa. A veces nos *quedábamos* (quedar) allí a comer, pero por lo general *volvíamos* al hotel y después de comer *dormíamos* (dormir) un poco la siesta.

3. El primer fin de semana *hizimos* (hacer) una excursión a Granada. Aunque yo ya *había estado* (estar) varias veces en esta ciudad, mi mujer y mis hijos no *la conocían* (conocer) aún la Alhambra y a mí me *apetece* (apetecer) recordar viejos tiempos.

4. El único día que *amaneció* (amanecer) nublado nos *fuimos* (ir) con unos amigos a ver las Cuevas de Nerja que *estaba* (estar) a unos 60 kilómetros de Málaga. Estas cuevas *son* (ser) una maravilla de la Naturaleza y *sirven* (servir) de escenario natural para conciertos, ballet, etcétera.

5. Muchas tardes *alquilábamos* (alquilar) un coche y *recorríamos* (recorrer) los pueblos de los alrededores. Mijas es el pueblo que más nos *gustó* (gustar) pues *tiene* (tener) unas vistas preciosas sobre el mar.

6. Creo que el próximo año *vamos* (ir) otra vez allí porque nos lo *hemos pasado* (pasar) muy bien y nuestros hijos *han hecho* (hacer) muy buenos amigos.

18

EJERCICIO VIII. Conjugue los verbos entre paréntesis en el tiempo más apropiado de indicativo

Recuerdo (recordar) aquella tarde. Pajarito de Soto vino (venir) a buscarme a la salida del despacho, tiritando (tiritar) con las manos en los bolsillos. No llevaba (llevar) abrigo, porque no tenía (tener). No había hecho (hacer) ni dos horas que yo había dejado (dejar) a Teresa en su casa caminando (caminar) charlando por la Gran Vía y nos sentamos (sentarse) en los jardines de la reina Victoria Eugenia. Pajarito de Soto me habló (hablar) de los anarquistas, yo le dije (decir) que nada sabía (saber).

— ¿ estáis (estar) interesado en el tema?

— Sí, por supuesto —le dije (decir) más por agradarle que por ser sincero.

— Entonces, ven. Te llevaré (llevar) a un sitio interesante.

— Oye, ¿no será (ser) peligroso? —exclamé (exclamar) alarmado.

— No temas, ven.

(see grammar exercises for clean copy)

(Eduardo Mendoza, «La verdad sobre el caso Savolta», Ed. Seix Barral. Pág. 101)

EJERCICIO DE ACENTUACIÓN

Durante cuatro horas la ventana permaneció cerrada. Unos metros más arriba, las luces de la terraza seguían festejando la noche, y él, sentado en el tronco cortado de un pino, con el mentón entre las manos y los ojos clavados en aquella ventana, creyó estar viviendo las horas más atroces de su existencia. Notaba frío en la espalda, y algo en su interior, allá dentro en las entrañas, empezaba a segregar la vieja tristeza que de niño corría por su sangre. «No quiere —se decía—, no quiere». Oía musica de discos y vio llegar a un hombre en un coche, al que se recibió con alegres gritos de bienvenida.

(Juan Marsé, «Últimas tardes con Teresa», Ed. Bruguera, pág. 49.)

EJERCICIO DE PUNTUACIÓN

Habían llegado muy de mañana en el autobús con el resto de la colonia que la guerra sorprendió a mitad del verano desde que el frente cortó el ferrocarril dejando en la otra zona al padre los tres la madre y los dos hijos iban retrocediendo alejándose más acatando las órdenes de evacuar los días pasaban en procesión fugaz como los pueblos los trenes cargados de soldados los nuevos jefes de control que cada mañana conocían aldeas blancas solas ancianos impasibles niños desconocidos mirando sin saludar sentados a horcajadas en las arribas de la carretera.

(Jesús Fernández Santos, «Cabeza Rapada», Ed. Seix Barral, págs. 79-80.)

Pedro: ¿Quieres que vayamos esta tarde al cine?

María: Quizá sea mejor que vayamos al teatro, ¿no?

Pedro: No me agrada la idea. Me temo que no haya mucho donde elegir. Casi todas las obras que están ahora en cartelera son experimentales y bastante malas.

María: Entonces vamos al cine, me es lo mismo. ¿Dónde ponen una buena película?

Pedro: Aquí tienes la cartelera. Elige tú misma. Yo me conformo con que la película que elijas no sea muy desagradable. Lo importante es que pasemos el rato de la mejor manera posible.

María: Creo que en el cine «Príncipe» proyectan una película americana de un director muy famoso.

Pedro: No te fíes de la fama del director. Puede que sea un director muy bueno, pero la película quizá no lo sea.

María: Bueno, hombre. Si la película no nos gusta, nos salimos del cine y nos vamos a dar una vuelta hasta la hora de cenar.

EN LA TAQUILLA

Pedro: Por favor, dos entradas para la sesión de tarde.

Taquillera: ¿De patio o de entresuelo?

Pedro: De patio, por favor. ¿A qué hora empieza la película?

Taquillera: La película empieza a las siete y media. Antes hay un cortometraje que dura media hora.

Pedro: Aún falta más de un cuarto de hora para que empiece la función. ¿Te apetece que vayamos a tomar un café en aquel bar de la esquina?

María: Muy bien. Aquí en la calle hace bastante frío y si nos quedamos aquí hasta que empiece la película, nos podemos coger un buen resfriado.

Preguntas:

1. ¿A dónde quiere ir esta tarde Pedro y a dónde quiere ir María?
2. ¿Por qué no le agrada a Pedro ir al teatro?
3. ¿Con qué clase de película se conforma Pedro?
4. ¿Dónde proyectan una película americana y quién es su director?
5. ¿Por qué no se fía Pedro de los directores famosos?
6. ¿Qué le propone María a Pedro, si la película no es buena?
7. ¿A qué sesión de cine quieren ir: a la sesión de tarde o a la de noche?
8. ¿Qué proyectan antes de la película principal?
9. ¿Está de acuerdo María con tomar un café en el bar de la esquina? ¿Por qué?
10. ¿Le gusta a Ud. más el cine o el teatro? ¿Por qué?

RECUERDE

Quizá/Tal vez Posiblemente/Probablemente Ojalá	+ Subjuntivo

ESQUEMA GRAMATICAL 1

PRESENTE DE SUBJUNTIVO

	-AR	-ER	-IR
(yo)	estudi-**e**	beb-**a**	abr-**a**
(tú)	estudi-**es**	beb-**as**	abr-**as**
(él, ella, Ud.)	estudi-**e**	beb-**a**	abr-**a**
(nosotros/as)	estudi-**emos**	beb-**amos**	abr-**amos**
(vosotros/as)	estudi-**éis**	beb-**áis**	abr-**áis**
(ellos, ellas, Uds.)	estudi-**en**	beb-**an**	abr-**an**

VOCAL CARACTERÍSTICA

Verbos en:	-AR	-ER	-IR
Presente de subjuntivo	E	A	A

EJERCICIO I. Ponga el verbo entre paréntesis en subjuntivo

1. Quizá nosotros _nos quedemos_ (quedarse) hoy en casa.
2. Ojalá el telegrama _llege_ (llegar) aún a tiempo.
3. Probablemente _sea_ (ser) interesante asistir a la conferencia.
4. Tal vez Ud. _pueda_ (poder) ayudarnos a resolver la situación.
5. Quizá _llueva_ (llover) mañana.
6. Posiblemente _vaya_ (ir) esta tarde con mi madre al médico.
7. Ojalá nos _volvamos_ (volver) a ver pronto.
8. No es muy probable que él ya _esté_ (estar) en casa.
9. Tal vez _tenga_ (tener) ella la culpa de todo.
10. Es muy posible que el tren _venga_ (venir) con retraso.

EJERCICIO II. Utilice el subjuntivo

¿Estás de acuerdo?/*Me alegro de ello.* — *Me alegro de que estés de acuerdo.*

1. ¿Es interesante la película?/*Lo espero.* — _espero que sea interesante._
2. ¿Sabe Pedro la verdad?/*Lo dudo.* — _dudo que sepa la verdad_
3. ¿Se va Ud. ya?/*Lo siento.* — _me siento que vaya ahora_
4. ¿Hay mucha cola delante de la taquilla?/*Me lo temo.* — _me temo que haya una_
   I'm afraid

22

5. ¿No se dan ellos cuenta de la situación?/*Lo dudo.*

— Dudo que se den cuenta

6. ¿Está enfermo su padre?/*Lo lamento.*

— Lamento que esté enfermo

7. ¿Hay aquí buenas playas?/*No lo creo.*

— No creo que haya buenas playas

8. ¿Os vais de vacaciones al mar?/ /*Me alegro de ello.*

— Me alegro de vayamos al mar

9. ¿Hace buen tiempo en verano?/ /*Lo espero.*

— Espero que haga buen tiempo

10. ¿Me das un poco de dinero?/ /*Te lo pido.*

— te pido que me des un poco de dinero

ESQUEMA GRAMATICAL 2

PRESENTE DE SUBJUNTIVO: VERBOS IRREGULARES						
	DAR	ESTAR	HABER	SABER	SER	IR
(yo)	dé	esté	haya	sepa	sea	vaya
(tú)	des	estés	hayas	sepas	seas	vayas
(él, ella, Ud.)	dé	esté	haya	sepa	sea	vaya
(nosotros/as)	demos	estemos	hayamos	sepamos	seamos	vayamos
(vosotros/as)	deis	estéis	hayáis	sepáis	seáis	vayáis
(ellos, ellas, Uds.)	den	estén	hayan	sepan	sean	vayan

APRENDA

Creo que + indicativo: «Creo que él **ha** encontrado ya trabajo.»

No creo que + subjuntivo: «No ceo que él **haya** encontrado ya trabajo.»

EJERCICIO III. Siga el modelo

Creo que Luis trabaja demasiado.   — *No creo que Luis trabaje demasiado.*

1. Creo que ellos saben algo del asunto.

— No creo que ellos sepan algo del asunto

2. Creo que él va hoy por la mañana a la playa.

— No creo que él vaya hoy por la mañana

3. Creo que el trabajo ya está terminado.

— No creo que el trabajo ya esté terminado

4. Creo que en ese hotel hay aún habitaciones libres.

— No creo que en ese hotel haya aún h. l.

23

5. Creo que este problema es bastante difícil de solucionar.

   — No creo que este problema sea bast...

6. Creo que esta empresa da muchas facilidades a sus clientes.

   — No creo que la dé muchas facilidad...

7. Creo que Pilar es andaluza.

   — No creo que Pilar sea andaluza...

8. Creo que ellos dicen la verdad.

   — No creo que ellos digan la verdad

9. Creo que en Italia hace mal tiempo en invierno.

   — No creo que en Italia haga mal tiem...

10. Creo que ellos van mañana de excursión.

   — No creo que ellos vayan mañana...

ESQUEMA GRAMATICAL 3

Para que + presente subjuntivo

«Te lo digo para que lo sepas.»

EJERCICIO IV. Utilice «para»

Te he comprado un reloj/*Saber la hora.*

   — *Te he comprado un reloj para que sepas la hora.*

1. Me ha sacado una entrada/*Ir con él al teatro.*

   — para que vaya con él al teatro...

2. El padre le ha mandado dinero/ /*Pagar el alquiler.*

   — Para que page el alquiler...

3. Les cuento un cuento a los niños/ /*Estarse quietos.*

   — para que se esten quietos...

4. Hemos abierto la ventana/*Entrar el aire.*

   — para que entre el aire

5. Él le ha regalado a María una foto suya/ /*Pensar en él.*

   — para que piense en él

6. Os he alquilado un coche/*Ir de excursión.*

   — para que vayáis de excursión

7. Le he llamado a Ud./*Decirme la verdad.*

   — para que me diga la verdad

8. Les hemos escrito/ /*Venir a vernos.*

   — para que nos vengan a ver

9. Han llevado a los niños al zoo/*Ver los animales.*

   — para que vean los animales

10. Mi padre me ha comprado una máquina de escribir/*Aprender a escribir a máquina.*

   — papa que aprenda a escribir a máquin...

USO DEL SUBJUNTIVO

1. Carmen tiene que lavar la ropa.
   Dile que la lave.

2. Julio tiene que estudiar más.
   Dile que *estudie más*

3. Los niños tienen que hacer los deberes.
   Diles que *hagan a hacen*

4. Pedro tiene que arreglar la radio.
   Dile que *la arregle la la*

5. Mercedes tiene que ser más puntual.
   Dile que *sea más puntual*

6. Antonio tiene que estar aquí a las 7.
   Dile que *esté aquí a las 7*

7. Ellos tienen que ir esta tarde a clase.
   Diles que *vayan a clase*

8. Felipe tiene que darme el dinero.
   Dile que *me de a*

9. Marisa tiene que poner la mesa.
   Dile que *la ponga*

10. Ellos tienen que devolver mañana el libro a la biblioteca.
    Diles que *lo devuelvan*

25

RECUERDE

No + subjuntivo = Imperativo negativo

{
No corras
No corra
No corráis
No corran
}

EJERCICIO V. Utilice el presente de subjuntivo con valor de imperativo.

Abre la ventana.   — *No abras la ventana.*

1. Cerrad la puerta. — no la cierréis
2. Ponte el abrigo. — no te lo pongas
3. Levántese. — no se levanta
4. Quédate aquí. — No te quédes aquí
5. Leed este libro. — no leais este libro
6. Entren en esta habitación. — No entran ?
7. Pasad por esta puerta. — No paseis por esta puerta
8. Cuelgue el teléfono. — no lo cuelgas
9. Díselo a tu hermano. — No lo digas
10. Vayan deprisa. — No vayan despisa

RECUERDE

Aconsejar
Decir
Dudar/Esperar
Mandar
Pedir   }   + Que + Subjuntivo
Prohibir
Recomendar
Rogar
Suplicar

USO DEL SUBJUNTIVO

1. ¿Comprará Pepe la bicicleta?
   ¡Ojalá la compre!

2. ¿Vendrá hoy Paco?
   Quizá *venga*

3. ¿Saldrán ellos de viaje?
   Es posible que *salgan*

4. ¿Se salvará el enfermo?
   ¡Ojalá *se salve*

5. ¿Habrá nieve en la sierra?
   Es probable que *haya*

6. ¿Hará mañana buen tiempo?
   Quizá *haga buen tiempo*

7. ¿Llegará él a tiempo?
   Tal vez *llegue*

8. ¿Será interesante esta película?
   Quizá *sea*

9. ¿Estarás mañana a las 8 en la oficina?
   Es posible *que esté*

10. ¿Sabrán ellos ya la noticia?
    Tal vez *sepan*

EJERCICIO VI. Siga el modelo

No compres el coche/*Decir.*   — *Él me dice que no compre el coche.*

1. No estudies por la noche/*Aconsejar.*   — me aconseja que no estudie por la noc
2. No fumen en clase/*Pedir.*   — me pide que no fume en clase
3. No digáis nada/*Mandar.*   — nos manda que no digamos nada
4. No hagas ruido/*Suplicar.*   — me suplica que no haga ruido
5. No conduzca tan deprisa/*Decir.*   — me dice que no conduzca tan deprisa
6. No pierdan la calma/*Pedir.*   — nos pide que no pierdamos la calma
7. No pongáis la televisión/*Rogar.*   — nos ruega que no pongamo la tele
8. No veas esta película/*Recomendar.*   — me recomienda que no vea esta pelíc
9. No vengáis tarde/*Decir.*   — nos dice que vengamos tarde
10. No sean tan impacientes/*Pedir.*   — nos pide que no seamos tan impac

ESQUEMA GRAMATICAL 4

LA CONJUNCIÓN «CUANDO» + SUBJUNTIVO

CUANDO

+ **Presente de indicativo** (acción situada en el presente)
«Cuando **salgo** de la oficina, me **voy** a casa.»

+ **Presente de subjuntivo** (acción situada en el futuro)
«Cuando **salga** de la oficina, me **iré** a casa.»

EJERCICIO VII. Utilice el subjuntivo

Cuando nieva, voy a esquiar.   — *Cuando nieve, iré a esquiar.*

1. Cuando tengo tiempo, voy al cine.   — cuando tenga tiempo, iré al cine
2. Cuando llego a casa, me pongo a trabajar.   — cuando llegue a casa, me pondré a trabajar
3. Cuando hace bueno, vamos a la playa.   — cuando haga bueno, iremos a la playa
4. Cuando le pregunto su opinión, no dice nada.   — cuando le pregunte su opinión, no dirá nada
5. Cuando estoy en Barcelona, doy un paseo por las Ramblas.   — cuando este en Barcelona, daré un paseo
6. Cuando es primavera, los campos se cubren de flores.   — cuando sea primavera, los campos se cubriran
7. Cuando él se levanta de la siesta, tiene un humor de perros.   — cuando se levante, tendra un humor de perros

8. Cuando vamos a Madrid, visitamos el Museo del Prado.

— cuando vayamos a Madrid, visitaremos el prado

9. Cuando ella sabe algo más del asunto, me lo comunica.

— cuando sepa algo más, me lo comunicara

10. Cuando hay fresas, mi madre me hace una tarta de fresas y nata.

— cuando haya fresas, mi madre me haga una tarta

EJERCICIO VIII.

PARA/POR

1. He oído la noticia ... por ... la radio.
2. Nos vendió su coche ... para ... 350.000 pesetas.
3. Necesito una mesa grande ... para ... mi despacho.
4. Él ha viajado ... por ... todo el mundo.
5. Perdonen, pero tengo que llamar ... por ... teléfono.
6. Él tiene mucho dinero, trabaja sólo .... placer.
7. El profesor nos ha mandado muchos ejercicios ... para ... mañana.
8. Esta contaminación no es buena ... por ... la salud.
9. Había muchos papeles tirados ... por ... el suelo.
10. No seas cabezota. Hazlo ... para/por ... mí.

EJERCICIO IX.

SER/ESTAR

1. No me interrumpas. No ves que ... estoy ... muy ocupado.
2. El ruso ... es ... un idioma bastante difícil.
3. Nosotros ... somos ... cinco hermanos en casa. Sólo Luis ... estu ... casado.
4. El ministro ... estaba ... ayer en Barcelona, hoy ... esta ... en Valencia y mañana ... estará ... en Alicante.
5. El ascensor no funciona, ... esta ... estropeado.
6. El coche que compré ya no ... es ... nuevo, pero ... es ... casi nuevo.
7. Hoy ... es ... el cumpleaños de mi madre y quiero ... estar ... con ella todo el día.
8. Este muchacho ... es ... muy inteligente, pero ... es ... una lástima que ... es ... tan vago.
9. Las cosas, cuando ... son ... de buena calidad, siempre ... están ... caras.
10. La sala donde ... estan ... las máquinas ... es ... demasiado oscura porque tiene las ventanas muy estrechas.

EJERCICIO DE ACENTUACIÓN

Y Cuéllar, por su parte, tampoco se decidía: seguía noche y dia detrás de Teresita Arrarte, contemplándola, haciéndole gracias, mimos y en Miraflores los que no sabían se burlaban de él, calentador, le decían, pura pinta, perrito faldero y las chicas le cantaban «Hasta cuando, hasta cuando», para avergonzarlo y animarlo. Entonces, una noche lo llevamos al *Cine Barranco* y, al salir, hermano, vámonos a *La Herradura* en tu poderoso Ford y el okey, se tomarían unas cervezas y jugarían futbolín, regio.

(Mario Vargas Llosa: «Los Cachorros».
Ed. Lumen, pág. 98.)

EJERCICIO DE PUNTUACIÓN

Agresivo lujo burgués del comedor de cinco estrellas moquetas que ahogan los pasos rebullir de camareros engalanados van y vienen entre las plantas tropicales encaramadas a su cielo ilusorio fondo de música que nadie escucha en una pared un gran retrato un general a caballo repleto de bríos y medallas con una lejanía de explosiones e incendios cadáveres guerra algo que despierta con viveza el escalofrío de la Historia nacional.

(A. Zamora Vicente, «Mesa, sobremesa».
Ed. Nacional, pág. 21.)

LECCIÓN 3
EN LA ESTACIÓN

Luis: ¡Oye, qué extraño que no haya llegado todavía el tren!

Felipe: Es verdad. Quizá haya tenido algún problema debido al mal tiempo y llegue con retraso.

Luis: Puede ser, pues Juan me decía en su carta que el tren llegaba a Madrid a las ocho de la tarde y ya son las nueve menos cuarto.

Felipe: Espero que no le haya ocurrido nada. ¿Por qué no le vamos a preguntar al jefe de estación el motivo del retraso?

Luis: No seas tan nervioso. Ya lo comunicarán por los altavoces. Desgraciadamente, los retrasos en RENFE son demasiado frecuentes.

Altavoz: El tren procedente de París está efectuando su entrada en la estación.

Felipe: ¡Mira, allí está Juan! ¡Menos mal que por fin ha llegado!

Juan: ¡Hola! ¿Cómo estáis? Siento mucho que me hayáis tenido que esperar tanto tiempo. El tren ha venido muy despacio, debido a la intensa niebla que había y de ahí que hayamos llegado con tanto retraso.

Luis: No te preocupes. Lo importante es que hayas llegado sano y salvo.

Felipe: Lo más seguro es que no hayas dormido nada en todo el viaje y que estés cansado. Así que vamos primero a casa para que puedas tomar un baño y descansar. Después charlaremos y planearemos lo que vamos a hacer durante tu estancia en nuestro país.

Juan: Me alegro de que hayáis venido a recogerme, pues traigo mucho equipaje.

Luis: No importa. El coche está aparcado justo delante de la estación.

Felipe: ¡En marcha!

Preguntas:

1. ¿De qué se extraña Luis?
2. ¿Qué explicación le da Felipe al retraso del tren?
3. ¿Qué le decía Juan a Luis en su carta?
4. ¿Qué le quiere preguntar Felipe al jefe de estación?
5. ¿Por qué ha llegado el tren con tanto retraso?
6. ¿Qué les dice Juan a sus amigos cuando llega a la estación?
7. ¿Ha dormido Juan durante su viaje en tren?
8. ¿Qué le propone Felipe a Juan?
9. ¿De qué se alegra Juan?
10. ¿Qué viaje, de los que Ud. ha hecho, ha sido el más importante y por qué?

ESQUEMA GRAMATICAL 1

PRETÉRITO PERFECTO DE SUBJUNTIVO: PRESENTE DE SUBJUNTIVO DE «HABER» + PARTICIPIO PERFECTO		-AR	-ER	IR
(yo)	haya	cantado	perdido	salido
(tú)	hayas	cantado	perdido	salido
(él, ella, Ud.)	haya	cantado	perdido	salido
(nosotros/as)	hayamos	cantado	perdido	salido
(vosotros/as)	hayáis	cantado	perdido	salido
(ellos, ellas, Uds.)	hayan	cantado	perdido	salido

EJERCICIO I. Utilice el subjuntivo

¿Han alquilado ellos el piso? — *No creo que lo hayan alquilado.*

1. ¿Ha comprado papá el pan? — No creo que lo haya comprado
2. ¿Habéis aprobado el examen? — No creo que lo hayamos aprobado
3. ¿Han perdido el tren? — No creo que lo hayan perdido
4. ¿Ha ganado su novela el primer premio? — No creo que la haya ganado
5. ¿Ha venido ya Luis? — No creo que haya venido
6. ¿Han encontrado una habitación? — No creo que haya encontrado
7. ¿Ha nevado en las montañas? — No creo que en las haya nevado
8. ¿Han salido ellos hoy de viaje? — No creo que hayan salido
9. ¿Ha resuelto Ud. algo? — No creo que haya resuelto nada
10. ¿Han podido coger el avión? — No creo que hayan podido coger avión

EJERCICIO II. Siga el modelo

Do you think he's arrived on time?

¿Habrá llegado Antonio a tiempo? — *¡Ojalá haya llegado Antonio a tiempo!*

1. ¿Habrá salido bien la operación? — Ojalá haya salido bien
2. ¿Habrá capturado la policía al ladrón? — Ojalá lo haya capturado
3. ¿Habrán cumplido lo prometido? — Ojalá lo hayan cumplido
4. ¿Habrá llegado ya el tren? — Ojalá haya llegado
5. ¿Habrá ganado nuestro equipo de fútbol? — Ojalá haya ganado
6. ¿Les habrá gustado la función de teatro? — Ojalá les haya gustado
7. ¿Lo habrán pasado bien en la fiesta? — Ojalá lo hayan pasado bien
8. ¿Habrá dicho Pilar toda la verdad? — Ojalá la haya dicho
9. ¿Se habrán divertido los niños en el cine? — Ojalá se hayan divertido
10. ¿Habrá superado Paco la crisis? — Ojalá la haya superado

VERBOS QUE RIGEN SUBJUNTIVO	
Agradecer *to be grateful to/to thank*	
Alegrarse de	
No creer	
Dudar	
Esperar	+ Que + Subjuntivo
Extrañarse *to miss eachother / to find it strange*	
Lamentar	
Sentir	
Perdonar	
Tener miedo de/Temer	

EJERCICIO III. Utilice el subjuntivo

Él no me ha invitado a su fiesta.
No se lo perdono.

— *No le perdono que él no me haya invitado a su fiesta.*

1. Ud. me ha ayudado a resolver el problema/*Se lo agradezco.*

— *Le agradezco que me haya ayudado*

2. Han descubierto un medicamento contra el cáncer/*Me alegro de ello.*

— *Me alegro de que haya descubierto un medica...*

3. No hemos podido asistir a la conferencia/*Lo lamento.*

— *Lamento que no hayamos podido asistir*

4. Ella ha estado en la cama con gripe/*Lo sentimos.*

— *Sentimos que haya estado malita*

5. El tren todavía no ha llegado/ /*Me extraña.*

— *Me extraña que no haya llegado*

6. Ella se ha molestado por mis palabras/*Me lo temo.*

— *Me temo que se haya molestado por mis...*

7. No has venido a visitarnos/*No te lo perdonamos.*

— *No te perdonamos que no hayas venido*

8. La policía no ha encontrado aún las joyas robadas/*Lo lamento.*

— *Lamento que la policía no haya encontrado*

9. El niño se ha perdido/*Tengo miedo de ello.*

— *Tengo miedo de que el niño se haya perdido*

10. Su novela ha sido premiada/ /*No lo creo.*

— *No creo que su novela haya sido premiada*

RECUERDE

EXPRESIONES QUE RIGEN SUBJUNTIVO

Quizá/Tal vez
(No) es conveniente que
(No) es importante que
(No) es imprescindible que
(No) es interesante que   **+ Subjuntivo**
(No) es necesario que
(No) es posible que
(No) es probable que

1. ¿Hasta cuándo esperamos aquí?
   Hasta que *haya dejado de llover*.

2. ¿Cuándo me escribirás?
   Cuando *llegue* a París.

3. ¿Cuándo saldréis de viaje?
   Antes (de) que *amanezca*.

4. ¿Cuándo os casaréis?
   Tan pronto como nos *hayan terminado* la casa.

5. ¿Hasta cuándo tendrá Ud. que guardar cama?
   Hasta que me lo *diga* el médico.

6. ¿Cuándo me contarás todo?
   Después (de) que *haya hablado* con ella.

7. ¿Cuándo te irás a casa?
   Cuando *haya terminado* el trabajo.

8. ¿Hasta cuándo os quedaréis aquí?
   Hasta que *acabe* la fiesta.

9. ¿Cuándo hay que echar la sal?
   Antes (de) que *empiece* a hervir el agua.

10. ¿Hasta cuándo trabajará Ud. en esta empresa?
    Hasta que *expire* mi contrato.

35

EJERCICIO IV. Ponga el verbo entre paréntesis en subjuntivo

Es importante que tú ....(leer) este libro.

— *Es importante que tú leas este libro.*

1. Quizá ....(ir) nosotros mañana a la ciudad.

— Quizá vayamos mañana a la ciudad.

2. Es posible que .... (llover) esta tarde.

— Es posible que llueva a esta tarde

3. Es probable que él ya ....(estar) en casa.

— Es probable que ya esté en casa

4. Tal vez ....(hacer) mañana buen tiempo.

— Tal vez haga mañana buen tiempo

5. Es muy importante que tú me contestes (contestar) pronto.

—

6. Es imprescindible que venga (venir) el médico.

—

7. No es necesario que Ud. me des (dar) más explicaciones.

—

8. Es conveniente que vosotros sepáis (saber) toda la verdad.

—

9. Es interesante que Uds. vean (ver) esta obra de teatro.

—

10. Es probable que la policía encuentre (encontrar) pronto al ladrón.

—

ESQUEMA GRAMATICAL 2

CONJUNCIONES + SUBJUNTIVO	
Antes (de) que	«Nos levantaremos antes (de) que **salga** el sol.»
Aunque	«Aunque **llueva**, iremos de excursión.»
Cuando	«Cuando **tenga** dinero, me compraré un coche.»
Después (de) que	«Después (de) que **escriba** la carta, la echaré al correo.»
Hasta que	«Esperamos hasta que **venga** Pedro.»
Mientras (que)	«Mientras **haya** nieve, podremos ir a esquiar.»
Para que	«Te lo digo para que lo **sepas**.»
Tan pronto como	«Tan pronto como **lo sepa**, te lo diré.»
Sin que	«Yo no me marcho sin que Ud. me **dé** una explicación.»

NOTA: Estas conjunciones, excepto **«Antes que»**, **«Para que»** y **«Sin que»**, también rigen indicativo. Con indicativo indican que la acción se realiza en el presente o se ha realizado ya, mientras que con el subjuntivo se expresa una acción futura o hipotética.

EJERCICIO V. Siga el modelo

Si te vas, apaga la radio/*Cuando*. — *Cuando te vayas, apaga la radio.*

1. Si habéis terminado el trabajo, venid a verme/*Cuando*.
   — Cuando hayáis terminado el trabajo............

2. Si no apruebas el examen, no iremos de vacaciones/*Hasta que*.
   — Hasta que apruebes el examen no iremos de vacaciones

3. Si no viene Pepe, no podremos comenzar el trabajo/*Mientras*.
   — Mientras no venga Pepe no podemos comenzar el trabajo.

4. Si me toca la lotería, daré la vuelta al mundo/*Cuando*.
   — Cuando me toque la lotería, daré la vuelta al mundo

5. Si puedes, llámame por teléfono/ /*Tan pronto como*.
   — Tan pronto como puedas, llámame por teléfono.

6. Si llama alguien, no abras la puerta/*Aunque*.
   — Aunque llame alguien, no abras la puerta

7. Si me entero de algo más, te lo comunicaré/*Tan pronto como*.
   — Tan pronto como me entere de algo más te lo comunicaré

8. Si no te portas bien, no compraremos el vídeo/*Hasta que*
   — Hasta que te portes bien, no compraremos el vídeo.

EJERCICIO VI. Utilice Subjuntivo o indicativo según convenga

Tan pronto como .... (llegar) a Granada, buscaremos hotel.
— *Tan pronto como lleguemos a Granada, buscaremos hotel.*

1. Cuando .... (llegar) a Madrid, se fue directamente al hotel.
   — Cuando llegó a Madrid, se fue directamente al hotel

2. Cuando .... (venir) a Madrid, ven a visitarme.
   — Cuando vengas a Madrid, ven a visitarme.

3. Mientras ella .... (hacer) la comida, él pone la mesa.
   — Mientras ella hace la comida, él pone la mesa.

4. No saldremos a pasear, mientras .... (seguir) lloviendo.
   — No saldremos a pasear, mientras siga lloviendo

5. Aunque él .... (ser) millonario, no es feliz.
   — Aunque él es millonario, no es feliz.

6. Aunque vosotros .... (insistir), no aceptaremos vuestro plan.
   — Aunque vosotros insistáis no aceptaremos vuestro plan.

7. Después de que él .... (aprobar) su examen, se tomó unas vacaciones.

— Después de que él aprobó su examen se tomó unas vacaciones

8. Hasta que no te .... (comer) todo, no te levantes de la mesa.

— Hasta que no te comas todo, no te levantes de la mesa

ESQUEMA GRAMATICAL 3

ESTRUCTURAS DE SER/ESTAR + ADJETIVO + PREPOSICION		
SER	aficionado a fiel/infiel a igual, semejante a fácil/difícil de posible / imposible de rico en pobre en bueno para malo para famoso por apreciado por	ESTAR	acostumbrado a contento/descontento con enfermo de harto de libre de lleno de seguro de agradecido por preocupado por triste por

EJERCICIO VII. Ponga la preposición más apropiada

1. Mi hermano es muy aficionado ....*a*..... la música clásica.
2. El médico está muy preocupado ..*por*...... la salud de su enfermo.
3. El trabajo es muy malo ..*para*.... la salud.
4. Estas mercancías están libres ...*de*..... impuestos.
5. Esta región es muy rica ...*en*...... carbón.
6. Él es siempre fiel .....*a*..... sus ideas.
7. Le estoy muy agradecido ..*por*..... su ayuda.
8. No estamos acostumbrados ...*a*...... este clima.
9. Estoy seguro ...*de*...... que la sala ya está llena ....*de*...... público.
10. La Mancha es famosa ...*por*..... su buen queso y ..*por*...... sus vinos.

EJERCICIO VIII.   **SER/ESTAR**

1. Esta entrevista ....*es*......... muy importante para mí.
2. Ella...........*es*......... muy simpática. Siempre ....*está*.........de buen humor.
3. La obra de teatro........*es*.........bastante divertida y los actores ......*son*...........
muy buenos.
4. Los niños ....*están*............... aburridos; no saben qué hacer.

5. Mi casa .... *está* .... muy cerca de aquí. No .... *es* .... necesario que cojamos el autobús.
6. Este clima .... *es* .... muy malo para los asmáticos.
7. ¿Por qué .... *está* .... Ud. de mal humor? El problema ya ...... *está* .... solucionado.
8. Su trabajo ...... *es* .... muy bueno y además .... *está* .... muy bien escrito.
9. Él .... *está* .... tan grave que .... *es* .... necesario ingresarle en el hospital.
10. Estos tomates no ...... *están* .... aún maduros y además .... *son* .... muy caros.

EJERCICIO DE ACENTUACIÓN

La brisa continuaba agitando las cortinas y el sol no acababa de brillar: sería una lástima, una verdadera lástima que el día se echara a perder. En septiembre nunca se sabe. Miró hacia la cama matrimonial. Lilia seguía durmiendo, con esa postura espontánea, libre: la cabeza apoyada en el hombro y el brazo extendido sobre la almohada, la espalda al aire y una rodilla doblada, fuera de la sábana. Se acercó al cuerpo joven, sobre el cual esa luz primera jugaba grácilmente, iluminando el vello dorado de los brazos y los rincones húmedos de los párpados, los labios, la axila pajiza.

(Carlos Fuentes, «La muerte de Artemio Cruz», FCE, pág. 150.)

EJERCICIO DE ENTONACIÓN

—Has estado sonriendo —dije con rabia.
—¿Sonriendo? —preguntó asombrada.
—Sí, sonriendo: a mí no se me engaña tan fácilmente. Me fijo mucho en los detalles.
—¿En qué detalles te has fijado? —preguntó.
—Quedaba algo en tu cara. Rastros de una sonrisa.
—¿Y de qué podía sonreír? —volvió a decir con dureza.
—De mi ingenuidad, de mi pregunta si me querías verdaderamente o como a un chico, qué sé yo... Pero habías estado sonriendo. De eso no tengo ninguna duda.
María se levantó de golpe.
—¿Qué pasa? —pregunté asombrado.
—Me voy —repuso secamente.
Me levanté como un resorte.
—¿Cómo, que te vas?
—Sí, me voy.

(Ernesto Sábato, «El Túnel. Ed. Sudamericana, pág. 68.)

Carmen: ¡Hola, María! ¿Cómo están tus niños? Hace algunos días que no los veo.

María: Están en la cama con dolor de garganta. Con esta contaminación que tenemos no hay quien respire. ¡Si al menos lloviera y se limpiara la atmósfera!

Carmen: ¡Oye! ¿No podrías mandarlos unos cuantos días al pueblo de tus padres? Estoy segura de que el aire puro les sentaría muy bien.

María: Si mi marido estuviera de acuerdo, por supuesto que lo haría. Pero él siempre me dice que si se fueran al campo, perderían muchas clases y luego tendrían muchos problemas para ponerse otra vez al día.

Carmen: Sí, en cierto modo tienes razón, pero ¡chica! ante todo está la salud.

María: Por supuesto, desde luego el vivir en una gran ciudad como Madrid con tanta contaminación, hoy en día, es una gran desgracia.

Carmen: Yo, en tu lugar, y con los niños pequeños, me iría a vivir a una ciudad más pequeña, donde se pudiera vivir más sanamente, sin tantas prisas y tanta contaminación.

María: ¡Ah, si esto fuera posible! Pero mi marido tiene un puesto bastante bueno en una empresa de construcción y sería una verdadera locura, con tanto paro como hay, el que dejara esta colocación tan estupenda y tuviera que buscar otra vez trabajo.

Carmen: Desde luego. Lo ideal sería que las autoridades competentes tomaran las medidas oportunas, que prohibieran el tráfico por el centro de la ciudad y castigaran a las empresas que no cumplieran con las medidas anticontaminantes.

María: ¡Ojalá lo hicieran! Pero ahora la única solución sería que nos tocara la lotería y así nos iríamos a vivir al campo.

Carmen: ¿Juegas todas las semanas a la lotería?

María: ¡Qué va! Es hablar por hablar.

Carmen: Entonces, ¿cómo quieres que te toque?

Preguntas:

1. ¿Qué les ocurre a los niños de María?
2. ¿Viven en la ciudad o en el pueblo?
3. ¿Por qué viven en la ciudad?
4. ¿Por qué no quiere mandar el marido de María a los niños al pueblo?
5. ¿Vivirían mejor en el pueblo? ¿Por qué?
6. ¿Por qué las ciudades están contaminadas?
7. ¿Por qué no se va la familia de María a vivir a una ciudad más pequeña?
8. ¿Es fácil encontrar trabajo en la actualidad?
9. ¿Es agradable vivir en una ciudad grande como Madrid?
10. ¿Cómo se arreglaría el problema de la contaminación?

ESQUEMA GRAMATICAL 1

PRETÉRITO IMPERFECTO DE SUBJUNTIVO: VERBOS REGULARES

	-AR	-ER	-IR
(yo)	cant-ara/ase	tem-iera/iese	part-iera/iese
(tú)	cant-aras/ases	tem-ieras/ieses	part-ieras/ieses
(él, ella, Ud.)	cant-ara/ase	tem-iera/iese	part-iera/iese
(nosotros/as)	cant-áramos/ásemos	tem-iéramos/iésemos	part-iéramos/iésemos
(vosotros/as)	cant-arais/aseis	tem-ierais/ieseis	part-ierais/ieseis
(ellos, ellas, Uds.)	cant-aran/asen	tem-ieran/iesen	part-ieran/iesen

NOTA: El pretérito imperfecto de subjuntivo se forma a partir de la 3.ª pers. plur. del pretérito indefinido.

INDEFINIDO	IMPERFECTO DE SUBJUNTIVO
-AR: cantar(on) ⟶	cantara/cantase
-ER: temier(on) ⟶	temiera/temiese
-IR: partier(on) ⟶	partiera/partiese

PRETÉRITO IMPERFECTO DE SUBJUNTIVO: VERBOS IRREGULARES

PRETÉRITO INDEFINIDO	PRETÉRITO IMPERFECTO
Dijer(on) ⟶	Dijera/dijese
Hicier(on) ⟶	Hiciera/hiciese
Pidier(on) ⟶	Pidiera/pidiese
Vinier(on) ⟶	Viniera/viniese
Durmier(on) ⟶	Durmiera/durmiese
Estuvier(on) ⟶	Estuviera/estuviese
Fuer(on) ⟶	Fuera/fuese
Supier(on) ⟶	Supiera/supiese
Tuvier(on) ⟶	Tuviera/tuviese
Leyer(on) ⟶	Leyera/leyese
Creyer(on) ⟶	Creyera/creyese

EJERCICIO I. Siga el modelo

Ellos le contaron todo a Jaime.

— *No creía que ellos le contaran todo a Jaime.*
— *No creía que ellos le contasen todo a Jaime.*

1. Él supo la verdad.
2. Uds. pudieron hacer la excursión.
3. Vosotros recibisteis el dinero.
4. Tú estuviste en París.
5. Ellos leyeron la noticia.
6. Ella tuvo mucho éxito.
7. Ud. compró el coche.
8. Ellas dijeron toda la verdad.
9. Vosotras fuisteis al cine.
10. Él hizo el examen.

— No creía que supiese la verdad
— No creía que pudiésemos hacer la excursión
— No creía que recibiéramos el dinero
— No creía que estuvieses en París.
— No creía que leyesen la noticia
— No creía que tuviese mucho éxito
— No creía que comprase el coche
— No creía que dijesen toda la verdad
— No creía que fuésemos al cine
— No creía que hiciese el examen

EJERCICIO II. Siga el modelo

Te digo que pidas otro café.

— *Te dije que pidieras otro café.*
— *Te dije que pidieses otro café.*

1. Celebro que tengas éxito.
2. Siento que María esté enferma.
3. Mi hermano me aconseja que lea el libro.
4. Temo que él esté enfermo.
5. El jefe me ordena que venga con puntualidad.
6. Es justo que le den el premio.
7. Inés me dice que te pregunte por el diccionario.
8. Lamento que no se quede más tiempo.
9. Mi madre desea que vaya a casa pronto.
10. María me ordena que traiga el café.

— Celebré que tuviese éxito
— Sentí que estuviera enferma
— Me aconsejé que leyera el libro
— Temí que estuviese enfermo
— Me ordené que viniese con puntualidad
— Era justo que le diesen el premio
— Me dijo que te preguntase por el diccionario.
— lamenté que no se quedase más tiempo
✗ Deseó que fuese a casa pronto
— Me ordené que traese el café

EJERCICIO III. Siga el modelo

Pedro no viene.

— *¡Ojalá viniera!*
— *¡Ojalá viniese!*

1. No tenemos tiempo para ir al cine.
2. Yo no sé nada de él.
3. Hace mal tiempo.

— ojalá tuviésemos / tuviéramos
— Ojalá supiera / supiese
— ojalá hiciera / hiciese

PRETÉRITO IMPERFECTO DE SUBJUNTIVO

1. *Mi hermano quería que* fuera/se *con él al médico.*

2. *Sentí que Pedro* estuviera/estuviese *enfermo.*

3. *Me alegré de que* vinieras/ses *también de excursión.*

4. *Fue una lástima que no te* presentaras/ses *al premio.*

5. *No creí que* llegaras/ses *a la cima de la montaña.*

6. *Antonio me rogó que le* diera/diese *dinero.*

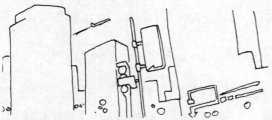

7. Me gustaría hacer un viaje a América.
¡Ojala hiciera *un viaje a América!*

8. Nos gustaría estar en Santander.
¡Ojalá... *estuviéramos en Santander*

9. Le gustaría jugar al fútbol pronto.
¡Ojalá *jugase al fútbol pronto*...

10. Me gustaría ir de excursión.
¡Ojalá... *fuese de excursión*

4. Los niños no se están quietos.
5. Nunca nos toca la lotería.
6. Ellos no dicen la verdad.
7. No podemos ir a España.
8. Sólo piensa en sí misma.
9. No quiere ayudarnos.
10. Esto no es fácil.

— ..*ojalá*... *estuviesen / estuvieran*
— ..*ojalá*.. *nos*. *tocase / tocara*
— ..*ojalá*... *dijesen / dijeran*
— ..*ojalá*... *pudiésemos / pudiéramos*
— ..*ojalá*... *pensara*... / *pensase*
— ..*ojalá*... *quisiese / quisiera*
— ..*ojalá*... *fuese / fuera*

ESQUEMA GRAMATICAL 2

CONDICIONAL SIMPLE: VERBOS REGULARES

(yo)	comprar-ía	ser-ía	ir-ía	-ÍA
(tú)	comprar-ías	ser-ías	ir-ías	-ÍAS
(él, ella, Ud.)	comprar-ía	ser-ía	ir-ía	-ÍA
(nosotros/as)	comprar-íamos	ser-íamos	ir-íamos	-ÍAMOS
(vosotros/as)	comprar-íais	ser-íais	ir-íais	-ÍAIS
(ellos, ellas, Uds.)	comprar-ían	ser-ían	ir-ían	-ÍAN

FORMACION: El condicional simple se forma con el radical del futuro + las desinencias: ía, ías, ía, íamos, íais, ían.

CONDICIONAL SIMPLE: VERBOS IRREGULARES

caber ⟶ cabr-	
decir ⟶ dir-	
hacer ⟶ har-	-ÍA
haber ⟶ habr-	-ÍAS
poder ⟶ podr-	-ÍA
poner ⟶ pondr-	-ÍAMOS
querer ⟶ querr-	-ÍAIS
tener ⟶ tendr-	-ÍAN
valer ⟶ valdr-	
venir ⟶ vendr-	

EJERCICIO IV.

¿Podrías llamar a Juan?

— *Sí, puedo llamarlo.*

1. ¿Podría Ud. darme un cigarrillo?
2. ¿Podrían ellos llevarme a casa?
3. ¿Podríamos entrar un momento?

— Sí. *puedo dárselo*
— Sí. *pueden llevarte*
— Sí. *podéis*

45

4. ¿Podría él arreglarme el coche? — Sí, puede arreglártelo
5. ¿Podríais ayudarme un poco? — Sí, podemos ayudarte
6. ¿Podrías acompañar al niño? — Sí, puedo acompañarle
7. ¿Podrían tus padres cuidar mis plantas? — Sí, pueden cuidarlas
8. ¿Podríais explicarnos el problema? — Sí, podemos explicároslo
9. ¿Podrías hablar más claro? — Sí, puedo
10. ¿Podríamos pedirte ayuda? — Sí, podéis pedírmela

EJERCICIO V.

¿Cuándo vendréis a casa? —¿Cuándo vendríais a casa?

1. ¿Cómo se lo diréis? — ¿Cómo se lo diríais?
2. ¿Dónde vivirán? — ¿Dónde vivirían?
3. ¿Cómo lo traerán? — ¿Cómo lo traerían?
4. ¿Cuándo hablaréis? — ¿Cuándo hablarías?
5. ¿Dónde comeremos? — ¿Dónde comeríamos?
6. ¿Me lo permitirán? — ¿Me lo permitirían?
7. ¿Qué deberás hacer? — ¿Qué deberías hacer?
8. ¿Cuál será la solución? — ¿Cuál sería la solución?
9. ¿Cuándo me dará Ud. una contestación? — ¿Cuándo me daría una contestación?
10. ¿Me podrás ayudar? — ¿Me podrías ayudar?

ESQUEMA GRAMATICAL 3

ORACIONES CONDICIONALES IRREALES	
OR. SUBORDINADA	**OR. PRINCIPAL**
Si... + imperfecto subj.,	Condicional simple
Si { tuviera tiempo, / tuviese tiempo,	iría a verte. / iría a verte.

EJERCICIO VI.

No tengo tiempo. No puedo ir
a verte. — *Si tuviera tiempo, iría a verte.*

1. No tengo dinero. No puedo
comprarlo. — ....

2. No tengo tabaco. No puedo fumar. — ....

3. No tengo equipo. No puedo jugar. — ....

4. No tengo coche. No puedo viajar. — ....

5. No tengo entrada. No puedo ir
al teatro. — ....

6. No tengo su teléfono. No le
puedo llamar. — ....

7. No tiene interés. No puede
aprender nada. — ....

8. No tengo apetito. No puedo comer. — ....

9. No tengo bañador. No puedo
bañarme. — ....

10. No tengo el pasaporte. No puedo
salir al extranjero. — ....

EJERCICIO VII.

Viene Carmen y se lo pregunto. — *Si viniera Carmen, se lo preguntaría.*

1. Voy a París y cojo el avión. — ....

2. Hay modelos nuevos y los compro. — ....

3. Termino pronto y me voy a casa. — ....

4. Nieva y voy a esquiar. — ....

5. Tengo una cámara
y hago fotografías. — ....

6. Sé inglés y me voy a Inglaterra. — ....

7. Hace calor y podemos ir
a la playa. — ....

8. Estoy acatarrado y no puedo salir. — ....

9. No conozco su dirección y no le
puedo escribir. — ....

10. Acabo la carrera y busco trabajo. — ....

EJERCICIO VIII. Complete el diálogo

Utilice los siguientes verbos: «ser, estar, tener, hacer, mejorar, haber, ahorrar, poner, respetar, arrojar, utilizar, volver, contaminar».

Entrevistador: Perdón, señor, ... haciendo una encuesta sobre la contaminación atmósferica. ¿............ Ud. tan amable de contestar a algunas preguntas? Por ejemplo, ¿qué medidas .... que tomar el gobierno para proteger el medio ambiente?

Señor: Si yo .... gobernante, lo primero que .... , ... suprimir el tráfico por el centro de la ciudad. Por supuesto, ... el servicio público para que la gente no .... que hacer cola en las paradas de autobuses.

Entrevistador: Y Ud. señora, ¿............ de acuerdo con dejar el coche en casa y coger el autobús?

Señora: Sí, siempre que los autobuses .... rápidos, cómodos y seguros. Yo creo que se .... mucha gasolina y no .... tanta contaminación.

Entrevistador: ¿No creen Uds. que también .... que concienciar a la gente?

Señora: Naturalmente. Si todos .... más responsables y .... más nuestro entorno, no .... todo tan sucio. Es muy triste ver cómo muchas personas no .... las papeleras y .... todo al suelo.

Señor: Yo les .... una buena multa y también a todas las fábricas que .... las aguas y el suelo. Así no .... a cometer la misma infracción. En este sentido .... inflexible.

EJERCICIO IX.

SER/ESTAR

1. Yo también .... de acuerdo contigo; es decir, ... de tu misma opinión.

2. Luis .... un chico muy listo, pero muy inquieto; no .... tranquilo ni un momento.

3. Estos zapatos me .... muy anchos y además .... muy caros.

4. Él .... muy amable con todo el mundo y siempre .... dispuesto a ayudar.

5. Aunque mi padre no .... viejo, de tanto trabajar .... muy avejentado.

6. Ya .... cansados de esperar, pues .... más de las nueve y ella aún no ha venido.

7. Desde que se fue al extranjero Pepe .... completamente cambiado.

8. La corrida de esta tarde ha .... muy buena; pero yo me he aburrido bastante, porque no .... aficionado a los toros.

9. Este reloj de pulsera .... un regalo de mi abuela. No me lo pongo porque .... estropeado.

10. No .... necesario que calientes la sopa .... aún templada.

EJERCICIO DE ENTONACIÓN

De vuelta al café, el viajero compra los periódicos a un niño pequeño, listo como un ratón de sacristía.

—¿Cuántos años tienes?

—Tengo cinco y medio.

—¿Cómo te llamas?

—Paco, para servir a Dios y a usted.

—¿Vendes muchos periódicos?

—Sí, señor; todos. A las doce ya he vendido siempre todos. El año pasado, ¿sabe usted?, no. ¡Como era más pequeño y corría menos!

(...) El viajero entra en una tienda donde hay de todo.

—¿Tienen ustedes algo típico de aquí, algo que pueda llevar como recuerdo de Guadalajara?

—¿Algo típico, dice?

—Pues, sí... Eso digo.

—No sé... ¡Como no busque usted bizcochos borrachos!

(C. J. Cela, «Viaje a la Alcarria», Col. Austral, pág. 34.)

EJERCICIO DE PUNTUACIÓN

El señor Carmichael levantó la cabeza se desajustó la sábana del cuello para darle curso a la circulación «por eso he preferido siempre que me corte el pelo mi mujer» protestó «no me cobra nada y por añadidura no me habla de política» el barbero le empujó la cabeza adelante y siguió trabajando en silencio a veces repicaba al aire las tijeras para descargar un exceso de virtuosismo el señor Carmichel oyó gritos en la calle.

(G. García Márquez, «La mala hora», Ed. Sudamericana, pág. 53.)

LECCIÓN 5
EN LA MONTAÑA

Pepe: ¡Hola, Javier! ¿Por qué no has venido con nosotros a los Picos de Europa? Te habrías divertido mucho y habrías olvidado los exámenes y todas las demás preocupaciones.

Javier: Me hubiera gustado ir, pero no ha podido ser. Si no hubiera tenido la gripe, seguramente habría ido. En fin, ¡mala suerte! ¿Qué tal lo habéis pasado?

Pepe: Muy bien, aunque lo habríamos pasado mejor, si no hubiera nevado tanto.

Javier: ¿No pudisteis salir para nada del refugio?

Pepe: Sí, pudimos dar un paseo por los alrededores. Si no hubiera habido tanta nieve, habríamos subido a la cima de la montaña. Pero no nos atrevimos a alejarnos mucho porque algunos montañeros que conocían bien el lugar nos aconsejaron que nos quedáramos cerca del refugio, pues el tiempo en la montaña cambia muy rápidamente y nos podríamos encontrar, cuando menos lo pensáramos, con alguna sorpresa desagradable.

Javier: ¿Ibais bien preparados contra el frío?

Pepe: Sí, menos mal que íbamos bien equipados. Si no hubiéramos llevado nuestros sacos de dormir y no hubiéramos tenido buenas botas, nos habríamos muerto de frío.

Javier: ¿No pasasteis miedo ante la posibilidad de veros bloqueados por la nieve?

Pepe: ¡Qué va! Al revés. Habríamos deseado que hubiera nevado muchísimo y que no hubiéramos tenido más remedio que quedarnos unos días descansando apartados de la vida moderna.

Javier: ¿Sabes una cosa? ¡Me alegro de no haber ido! Esa clase de emociones son muy fuertes para mí.

Preguntas:

1. ¿Por qué no ha ido Javier con Pepe a los Picos de Europa?
2. ¿Qué tal lo han pasado Pepe y sus amigos?
3. ¿Qué tal tiempo les hizo? ¿Pudieron salir del refugio a dar un paseo?
4. ¿Qué habrían hecho, si no hubiera nevado tanto?
5. ¿Por qué no se atrevieron a alejarse del refugio?
6. ¿Qué les hubiera pasado, si no hubieran ido bien equipados?
7. ¿No pasaron miedo ante la posibilidad de quedarse bloqueados por la nieve?
8. ¿Qué habrían deseado que hubiera pasado?
9. ¿Por qué se alegra Javier de no haber ido a los Picos de Europa?
10. ¿Nos podría Ud. contar alguna aventura que le haya sucedido?

ESQUEMA GRAMATICAL 1

PRETÉRITO PLUSCUAMPERFECTO DE SUBJUNTIVO: IMPERFECTO DE SUBJUNTIVO DE «HABER» + PARTICIPIO PERFECTO DEL VERBO CONJUGADO		-AR	-ER	-IR
(yo)	hubiera /hubiese	solucionado	leído	salido
(tú)	hubieras /hubieses	solucionado	leído	salido
(él, ella, Ud.)	hubiera /hubiese	solucionado	leído	salido
(nosotros/as)	hubiéramos/hubiésemos	solucionado	leído	salido
(vosotros/as)	hubierais /hubieseis	solucionado	leído	salido
(ellos, ellas, Uds.)	hubieran /hubiesen	solucionado	leído	salido

EJERCICIO I. Siga el modelo

Antonio no ha venido.   — *¡Ojalá hubiera venido!*

1. Él no ha vendido ningún cuadro.   — ....
2. Yo no he seguido sus consejos.   — ....
3. Tú no has dicho la verdad.   — ....
4. Nosotros no hemos conseguido el premio.   — ....
5. Ella se ha puesto enferma.   — ....
6. Nosotros no lo hemos visto.   — ....
7. Ud. no ha conseguido una beca para el extranjero.   — ....
8. Nos ha hecho muy mal tiempo.   — ....
9. No me ha tocado la lotería.   — ....
10. Vosotros habéis llegado tarde.   — ....

EJERCICIO II. Siga el modelo

Él no ha hecho el viaje.   — *Nosotros, en su lugar, sí lo hubiéramos hecho.*

1. Tú no has reservado habitación/*Yo.*   — ....
2. Ud. no ha hablado con el director/*Nosotros.*   — ....
3. Vosotros os habéis comportado muy mal con él/*Yo.*   — ....

4. Ellos se han quedado en casa/
   /Nosotras.
   — . . . .

5. Ella ha conducido demasiado
   deprisa/Yo.
   — . . . .

6. Uds. se han puesto nerviosos/
   /Él.
   — . . . .

7. Ella se ha enfadado con su
   amiga/Yo.
   — . . . .

8. Vosotros os acostasteis muy
   tarde/Nosotros.
   — . . . .

9. Ellos no fueron de
   excursión/Yo.

10. Ud. aparcó el coche en sitio
    prohibido/Yo.
    — . . . .

ESQUEMA GRAMATICAL 2

CONDICIONAL COMPUESTO: CONDICIONAL SIMPLE DE «HABER» + PARTICIPIO PERFECTO DEL VERBO CONJUGADO				
		-AR	-ER	-IR
(yo)	habría	solucionado	leído	salido
(tú)	habrías	solucionado	leído	salido
(él, ella, Ud.)	habría	solucionado	leído	salido
(nosotros/as)	habríamos	solucionado	leído	salido
(vosotros/as)	habríais	solucionado	leído	salido
(ellos, ellas, Uds.)	habrían	solucionado	leído	salido

EJERCICIO III. Siga el modelo

Él no ha aceptado la propuesta/
/¿tú?   — ¿La habrías aceptado tú?

1. Ella ha rechazado
   la invitación/¿Vosotros?
   — . . . .

2. Yo no he podido hacer el
   ejercicio?/¿Ud.?
   — . . . .

3. Ellos no han ayudado
   al herido/¿Vosotros?
   — . . . .

4. Ella se puso muy nerviosa/¿Tú?   — . . . .

5. Nosotros no hemos hecho
   nada/¿Uds.?
   — . . . .

6. Él ha dejado solos a los niños/ /¿*Tú?* — . . . .

7. Ellos han resuelto el problema/¿*Ud.?* — . . . .

8. Yo no me atrevía a llevarle la contraria/¿*Vosotros?* — . . . .

9. Él no tuvo miedo al ladrón/ ¿*Tú?* — . . . .

10. Nosotros no hemos sabido la pregunta/¿*Uds.?* — . . . .

ESQUEMA GRAMATICAL 3

ESQUEMA DE LA FRASE CONDICIONAL			
CONDICIONAL REAL	PRESENTE	Si **tengo** dinero,	**voy** de excursión **iré** de excursión
	PASADO	Si **ha llegado**,	**dímelo/comunícamelo** lo **habrán visto.** lo **han visto.** **estará** en casa. **tengo** que llamarle.
CONDICIONAL IRREAL	PRESENTE	Si **tuviera/tuviese** dinero,	**iría** de excursión.
	PASADO	Si **hubiera/hubiese** tenido dinero,	**habría ido** de excursión. **hubiera ido** de excursión no **estaría** ahora aquí.

EJERCICIO IV. Siga el modelo

Saberlo/Decirlo

— *Si lo sé, se lo diré/se lo digo.*
— *Si lo supiera/supiese, se lo diría.*

1. Hacer frío/ponerse el abrigo. — . . . .

2. Haber nieve/ir a esquiar. — . . . .

3. Ir a París/visitar a Carlos. — . . . .

4. Llover/no ir a pasear. — . . . .

5. Tener tiempo/visitar a mis amigos. — . . . .

6. Hacer deporte/adelgazar. — . . . .

7. Tocar la lotería/comprarnos una casa en el campo. — . . . .

8. Hacer calor/sentarnos en el jardín. — . . . .

9. Venir a Madrid/enseñarte la ciudad. — . . . .

10. Aprobar el examen/ir al extranjero. — . . . .

EL CONDICIONAL

1. Él no ha ido al médico.
   Yo, en su lugar, habría ido al médico.

2. Él ha bebido mucho.
   Yo, en su lugar, ...

3. Tú te has acostado muy tarde.
   Yo, en tu lugar, ...

4. Ella se ha cortado el pelo.
   Yo, en su lugar, ...

5. Ellos se bañaron lloviendo.
   Nosotros, en su lugar, ...

6. Vosotros cruzasteis la calle con el semáforo rojo.
   Yo, en vuestro lugar, ...

7. Carmen no aceptó la invitación.
   Yo, en su lugar, ...

8. Él no abrió la carta.
   Ella, en su lugar, ...

9. Él se ha enfadado mucho con ella.
   Yo, en su lugar, también . . . .

10. Ella llamó a la policía.
    Nosotros, en su lugar, también . . . .

EL CONDICIONAL

1. No he hecho la excursión porque estaba enfermo.
   Si no hubiera estado enfermo, ...

2. No hemos comprado la casa, porque no tenemos dinero.
   Si . . . .

3. Él ha suspendido el examen porque no ha estudiado.
   Si . . . .

4. Ud. ha derrapado porque no ha tomado bien la
   curva.
   Si . . . .

5. No hemos ido al concierto porque no había entradas.
   Si . . . .

6. Vosotros habéis perdido el tren porque no habéis
   sido puntuales.
   Si . . . .

7. Él estaba muy borracho y chocó contra el árbol.
   Si . . . .

8. Él robó varios coches y ahora está en la cárcel.
   Si . . . .

9. Mi hermano está en el hospital porque ha tenido
   un accidente.
   Si . . . .

10. El médico no llegó a tiempo y no pudo salvar al
    enfermo.
    Si . . . .

EJERCICIO V. Siga el modelo

No he tenido dinero.
No he hecho el viaje.
— *Si hubiera tenido dinero, habría hecho el viaje.*

1. No he visto a Carmen. No he podido decírselo.
— ....

2. No hemos tenido tiempo. No hemos podido visitaros.
— ....

3. Ha llovido mucho. No he ido a pasear.
— ....

4. Antonio no ha estudiado. No ha aprobado el examen.
— ....

5. No me han arreglado el coche. He tenido que coger el autobús.
— ....

6. No he traído la cámara. No he sacado fotografías.
— ....

7. Han llegado tarde. Han perdido el avión.
— ....

8. No he ido a Madrid. No he visto a Consuelo.
— ....

9. He perdido su número de teléfono. No le he podido llamar.
— ....

10. Ha conducido muy deprisa. Ha tenido un accidente.
— ....

EJERCICIO VI. Siga el modelo

Como no has leído hoy el periódico no te has enterado de la noticia
— *Si hubieras leído el periódico, te habrías/hubieras enterado de la noticia.*

1. Como ha estado lloviendo toda la tarde, no hemos salido de casa.
— ....

2. Como bebía y fumaba mucho, cayó enfermo.
— ....

3. Como no riegas las flores, se te han secado.
— ....

4. Como se acostó tarde, no llegó puntual al trabajo.
— ....

5. Como hizo tanto frío, se estropeó la cosecha.
— ....

6. Como Ud. se había ido, no le pudimos dar el recado.
— ....

7. Como no cerró bien la puerta, le robaron.
— ....

8. Como has aparcado en sitio
   prohibido, te han puesto una multa. — ....
9. Como faltaba continuamente
   al trabajo, le despidieron. — ....
10. Como no me hiciste caso y no
    te pusiste el abrigo, ahora
    estás resfriado. — ....

EJERCICIO VII. Oraciones condicionales. Ponga el verbo en el tiempo apropiado

1. Si no . . . . (portarse) bien, no te llevo al circo.
2. Si . . . . (llover), no saldremos.
3. Si yo lo . . . . (sabido), no hubiera venido.
4. Si le . . . . (ver), dile que le estoy esperando.
5. Si Ud. no . . . . (fumar) tanto, se sentiría mucho mejor.
6. Si nos . . . . (llamar), os habríamos ayudado.
7. Si él . . . . (ser) un poco más simpático, tendría más éxito en la vida.
8. Si ella . . . . (conducir) con más prudencia, no habría tenido ningún accidente.
9. Si Ud. no . . . . (comprender) algo, pregúntemelo.
10. Si no . . . . (hacer) tan mal tiempo, iríamos a la playa.

ESQUEMA GRAMATICAL 4

IMPERFECTO DE SUBJUNTIVO PARA EXPRESAR UN DESEO

Me gustaría
Desearía
Preferiría   + que + imperfecto de subjuntivo
Querría/Quisiera

«Me **gustaría** que **vinieras** con nosotros de excursión».

EJERCICIO VIII. Siga el modelo

Me gustaría que *(tú decir la verdad).*   — *Me gustaría que tú dijeras la verdad.*

1. Quisiera que Ud. *(acompañarme).* — ....
2. Desearía que *(mis padres
   regalarme un reloj).* — ....
3. Nos gustaría que
   (salir bien todo). — ....

4. Preferiría que *(citarnos a las seis).* — ....
5. Querría que *(no llover tanto).* — ....
6. Nos gustaría que *(Uds. visitarnos).* — ....
7. Desearía que *(todo terminar bien).* — ....
8. Preferiríamos que *(ser un chico).* — ....
9. Me gustaría que *(ganar nuestro equipo).* — ....

EJERCICIO DE ENTONACIÓN

(...) —¡Ay, Enrique!; esto no se puede tolerar; esto no es casa ni familia; esto es un infierno. Mi padre se ha enterado de nuestras relaciones, y está furioso. ¡Figúrate que anoche, porque me defendí, llegó a pegarme!

—¡Qué bárbaro!

—No lo sabes bien. Y dijo que te ibas a ver con él...

—¡A ver, que venga! Pues no faltaba más.

Mas por lo bajo se dijo: «Hay que acabar con esto, porque ese ogro es capaz de cualquier atrocidad si ve que le van a quitar su tesoro; y como yo no puedo sacarle de trampas...»

—Di, Enrique, ¿tú me quieres?

—¡Vaya una pregunta ahora...!

—Contesta, ¿me quieres?

—¡Con toda el alma y con todo el cuerpo, nena!

—¿Pero de veras?

—¡Y tan de veras!...

(Unamuno, «Nada menos que todo un hombre».
Col. Austral, pág. 97.)

EJERCICIO DE ACENTUACIÓN

Al entrar en el oratorio, mi corazon palpito. Alli estaba Maria Rosario, y cercano a ella tuve la suerte de oir misa. Recibida la bendicion, me adelante a saludarla. Ella me respondio temblando: Tambien mi corazon temblaba, pero los ojos de Maria Rosario no podian verlo. Yo hubierale rogado que pusiese su mano sobre mi pecho, pero temi que desoyese mi ruego.

(Valle-Inclán, «Sonata de Primavera»,
Col. Austral, pág. 30.)

Carmen: ¿Sabes a quién me encontré ayer en la calle?

Alberto: No. ¿A quién?

Carmen: A Celia, mi antigua compañera de colegio.

Alberto: ¡Qué casualidad!, ¿no?, y ¿qué te contó?

Carmen: Me contó que, después de terminar sus estudios, se había casado con un alemán y que estuvo viviendo una temporada en Alemania; que desde hace dos años viven otra vez en España, pero que, como había perdido mi dirección, no había podido localizarme.

Alberto: ¿Qué más te comentó?

Carmen: Me dijo que tenían una niña de dos años y que ahora estaba otra vez embarazada. También me preguntó que cómo nos iba y que cuántos hijos teníamos.

Alberto: ¿Habéis quedado en volver a veros?

Carmen: Me insistió mucho en que nos teníamos que volver a ver otra vez más despacio. Quedó en llamarme por teléfono, para ver si podíamos salir juntos el próximo fin de semana.

Alberto: ¿Iba el marido con ella?

Carmen: No. Le pregunté por él y me contestó que ahora estaba en Alemania en viaje de negocios, pero que regresaría la semana próxima y que estarían encantados de que los cuatro fuéramos juntos a cenar.

Alberto: ¿Te contó cómo se habían conocido?

Carmen: Sí. Me dijo que, después de terminar la carrera, se había ido a Alemania en viaje de estudios y que le había conocido en una fiesta.

Alberto: ¡Qué pequeño es el mundo! Bueno, por mí no hay ningún inconveniente en que quedes con Celia y su marido para el próximo fin de semana. Podemos ir a cenar a un restaurante que acaban de inaugurar y en donde me han dicho que se come muy bien y que está bastante bien de precio.

Preguntas:

1. ¿A quién se encontró Carmen ayer en la calle?
2. ¿Qué le contó Celia a Carmen?
3. ¿Desde cuándo vive Celia otra vez en España?
4. ¿Por qué hacía tanto tiempo que no se veían?
5. ¿En qué quedó Celia con su amiga Carmen?
6. ¿Iba Celia sola o con su marido?
7. ¿Por quién le preguntó Carmen a Celia y qué le respondió ésta?
8. ¿Cómo conoció Celia a su marido?
9. ¿Para cuándo van a quedar y a dónde tienen pensado ir?
10. Represente esta escena en estilo directo.

ESQUEMA GRAMATICAL 1

ESTILO DIRECTO	ESTILO INDIRECTO
DICE / HA DICHO / DIRÁ	DICE / HA DICHO / DIRÁ
«**Soy** español».	que él **es** español.
«**Estaba** muy nervioso».	que **estaba** muy nervioso.
«**Llegué** ayer por la noche».	que **llegó** ayer por la noche.
«Me **he levantado** muy tarde».	que se **ha levantado** muy tarde.
«Nosotros **habíamos** salido al cine».	que ellos **habían salido** al cine.
«**Voy** a comer ahora/a visitar a mi amigo».	que **va a comer** ahora/a visitar a su amigo.
«Os **ayudaré**».	que nos **ayudará**.

VERBO INTRODUCTOR EN: ESTILO INDIRECTO:

PRESENTE / PERFECTO / FUTURO + QUE + TIEMPO VERBAL EN EL QUE ESTABA EL VERBO EN EL ESTILO DIRECTO

EJERCICIO I. Siga el modelo

«Estoy muy contento con mi trabajo». — *Dice/ha dicho/dirá que está muy contento con su trabajo.*

1. «Saldré de viaje mañana». — . . . .
2. «Hemos alquilado un apartamento junto al mar». — . . . .
3. «Aquí en España hace mucho calor y me baño todos los días». — . . . .
4. «No estábamos en casa cuando nos robaron». — . . . .
5. «Cuando fui a verle, él ya se había ido». — . . . .
6. «Esta semana ha llovido mucho». — . . . .
7. «Si mañana hace buen tiempo, iremos de excursión». — . . . .
8. «Vosotros habéis sido muy amables conmigo». — . . . .
9. «Ud. no debe fumar tanto». — . . . .
10. «Tú eres para mí mi mejor amigo». — . . . .

<table>
<tr><td colspan="2" align="center">APRENDA</td></tr>
<tr><td align="center">ESTILO DIRECTO</td><td align="center">ESTILO INDIRECTO</td></tr>
<tr><td>«¿A qué hora empieza el concierto?»</td><td>Él pregunta que a qué hora empieza el concierto.</td></tr>
<tr><td>«¿Está muy lejos la estación?»</td><td>Él pregunta si está muy lejos la estación.</td></tr>
<tr><td colspan="2">Si en la pregunta directa no hay ningún pronombre interrogativo, utilizamos la conjunción «SI» para introducir una pregunta indirecta.</td></tr>
</table>

EJERCICIO II. Siga el modelo

Antonio me pregunta: «¿Cuándo empieza la película?»   — *Antonio me pregunta que cuándo empieza la película.*

1. «¿Dónde está la parada del autobús?»   — ....
2. «¿Ha llegado ya el tren?»   — ....
3. «¿A qué hora saldréis mañana de excursión?»   — ....
4. «¿Ha comprendido Ud. todo?»   — ....
5. «¿Estáis contentos con vuestro profesor?»   — ....
6. «¿Cuánto cuesta un billete para Barcelona?»   — ....
7. «¿Me ha llamado alguien por teléfono?»   — ....
8. «¿Cuál es el camino más corto?»   — ....
9. «¿Habéis oído las noticias?»   — ....
10. «¿De quién es este abrigo azul?»   — ....

EJERCICIO III. Siga el modelo

«No me apetece la comida».   — *Dijo/decía/había dicho que no le apetecía la comida.*

1. «Nos casaremos el año que viene».   — ....
2. «Ayer fui a ver a mis abuelos».   — ....
3. «Cuando era joven, hacía mucho deporte».   — ....
4. «Hay mucha gente en la cola».   — ....
5. «No he podido llamaros por teléfono».   — ....

6. «La semana próxima nos iremos
   de vacaciones».   — ....
7. «Yo no sabía nada del asunto».   — ....
8. «Yo ya me lo había imaginado».   — ....
9. «Hemos visto una película muy
   interesante».   — ....
10. «Os escribiré pronto».   — ....

ESQUEMA GRAMATICAL 2

ESTILO DIRECTO	ESTILO INDIRECTO
ÉL DIJO / DECÍA / HABÍA DICHO	ÉL DIJO / DECÍA / HABÍA DICHO
«Soy español». «Yo estaba muy nervioso». «Llegué ayer por la tarde». «Me he levantado muy tarde». «Nosotros habíamos salido al cine». «Voy a visitar a mi amigo». «Os ayudaré».	que era español. que estaba muy nervioso. que había llegado ayer por la tarde. que se había levantado muy tarde. que ellos habían salido al cine. que iba a visitar a su amigo. que nos ayudaría.
VERBO INTRODUCTOR EN:	ESTILO INDIRECTO:
INDEFINIDO/IMPERFECTO/PLUSCUAMPERFECTO + QUE	+ IMPERFECTO/PLUSCUAMPERFECTO/ CONDICIONAL

EJERCICIO IV. Siga el modelo

«¿Fuma Ud. mucho?»   — *Él me preguntó si fumaba mucho.*

1. «¿Hasta qué hora están abiertas las
   tiendas?»   — ....
2. «¿A qué hora ha terminado la
   conferencia?»   — ....
3. «¿Me puede Ud. ayudar?»   — ....
4. «¿A qué hora estarás mañana en casa?» — ....
5. «¿Has comprendido todo?»   — ....
6. «¿Cómo se ha enterado Ud. de la
   noticia?»   — ....
7. «¿Eres feliz?»   — ....

8. «¿Cuántos hermanos sois?» — . . . .
9. «¿Ha estado Ud. alguna vez en Japón?» — . . . .
10. «¿Dónde podré encontrar un taxi
libre?» — . . . .

EJERCICIO V. Ponga esta carta en estilo indirecto

Stuttgart, 10 de mayo de 1983

Querido Pepe:

Desde hace más de un mes quiero escribirte, pero hasta ahora no he tenido tiempo para hacerlo. El motivo de mi carta es el siguiente: mi mujer y yo hemos pensado pasar las vacaciones de verano en algún pueblecito de la Costa del Sol. Nos gustaría alquilar un pequeño apartamento junto al mar, por eso te quiero pedir el siguiente favor: ¿nos podrías buscar para el mes de agosto un apartamento con derecho a cocina? Estaríamos dispuestos a pagar hasta unas cinco mil pesetas diarias. Espero que esta gestión no te robe mucho tiempo y que me contestes tan pronto como hayas solucionado el asunto.

Te agradezco de antemano tu colaboración, y ojalá nos podamos ver pronto. Muchos recuerdos de mi mujer, y para ti un fuerte abrazo de tu amigo

Hans

ESQUEMA GRAMATICAL 3

ORDEN / MANDATO EN EL ESTILO INDIRECTO

ESTILO DIRECTO	ESTILO INDIRECTO
1) ÉL DICE / HA DICHO «Sed puntuales». «No corras tanto».	1) ÉL DICE / HA DICHO que seamos puntuales. que no corra tanto.
2) ÉL DIJO / DECÍA / HABÍA DICHO «Trabaje Ud. más». «No vengáis tarde».	2) ÉL DIJO / DECÍA / HABÍA DICHO que trabajara yo más. que no viniéramos tarde.
VERBO INTRODUCTOR EN:	ESTILO INDIRECTO:

1) PRESENTE / PERFECTO	+ QUE	+PRESENTE DE SUBJUNTIVO
2) INDEFINIDO / IMPERFECTO /PLUSCUAMPERFECTO	+ QUE	+IMPERFECTO DE SUBJUNTIVO

ESTILO DIRECTO / INDIRECTO

1. Llámame a las 7 por teléfono.
   Él me dijo que le llamara a las 7.

2. Comed mucha fruta.
   La madre les dice a los niños que ....

3. Préstame dinero.
   Él me pidió que ....

4. Acompáñanos a casa.
   Ellos me dijeron que ....

5. Tráigame una taza de café.
   Ella me pidió que ....

6. Eche esta carta en correos.
   Él me ha dicho que ....

7. Apagad la luz.
   Mamá dice que ....

8. Pregunten a aquel guardia.
   Él nos aconsejó que..........................

9. Fume sólo 10 cigarrillos al día.
   El médico me ha dicho ....

10. No salgáis de noche.
    Mi madre nos prohibía que...................

EJERCICIO VI.

«Sal inmediatamente de la habitación».   — *Él me dijo que saliera inmediatamente de la habitación.*

1. «Tened paciencia»/*Él nos dice* ....
2. «Despiértame a las cinco»/*Ella me dijo* ....
3. «Cómprate los zapatos»/*Ella me ha dicho* ....
4. «Ponte el abrigo»/*La madre le dice al niño* ....
5. «Aprended las palabras»/*El profesor nos decía* ....
6. «Riega las flores»/*Mi padre me dice* ....
7. «No aparque Ud. aquí»/*El policía me dijo* ....
8. «Sé más aplicado»/*El profesor me ha dicho* ....
9. «Cerrad bien la puerta»/*Él nos había dicho* ....
10. «Deje Ud. de fumar»/*El médico me ha dicho* ....

ESQUEMA GRAMATICAL 4

PREPOSICIONES	
A pesar de	«A pesar del mal tiempo se fueron de excursión.»
A causa de / Debido a	«A causa de/debido a la niebla se suspendió el vuelo.»
En vez de / En lugar de	«En vez de/en lugar de estudiar para el examen se fue al cine.»
Según	«Según las estadísticas hay más mujeres casadas que solteras.»
Con	«Con tanto ruido me es imposible trabajar.»
Sin	«Sin tu ayuda no habría conseguido nada.»

EJERCICIO VII. Coloque la preposición más apropiada

1. El accidente ocurrió .... el mal estado de la carretera.
2. .... intenso tráfico pudimos llegar a tiempo.
3. Conduzca .... cuidado.
4. .... un coche se compró una bicicleta.
5. .... mis noticias él ha encontrado ya trabajo.
6. .... una carta le he mandado un telegrama.
7. Él está en la cama .... mucha fiebre.
8. .... gafas no puedo ver de lejos.
9. .... estar enfermo ha ido a trabajar.
10. .... el fuerte viento se ha caído la antena del tejado.

67

ESTILO DIRECTO / INDIRECTO

1. Me he comprado un nuevo coche.
   ¿Qué te dice Pedro en su carta?
   Que se ha comprado un nuevo coche.

2. Aquí hace ahora mucho frío.
   ¿Qué te ha dicho tu hermana?
   Que . . . .

3. Hoy nos quedaremos en casa.
   ¿Qué te ha dicho María?

4. ¿Has leído ya el periódico?
   ¿Qué te ha preguntado Juan?

5. Cuando llegamos a París, llovía.
   ¿Qué te contaron ellos?

6. Si mañana hace buen tiempo, iremos a la playa.
   ¿Qué dice papá?

7. ¿Cuántos años tienes?
   ¿Qué te ha preguntado Carmen?

8. ¿Tienen Uds. algo que declarar?
   ¿Qué pregunta el policía?

9. Yo ya me había acostado, cuando llegó a casa Antonio.
   ¿Qué te ha contado Pilar?

CINE ASTORIA
ENTRADA
36749

10. ¿Cuánto cuesta una entrada de cine?
    ¿Qué quiere saber él?

EJERCICIO VIII.

SER/ESTAR

1. Espere un momento, que pronto . . . . con Ud.
2. La segunda parte del partido . . . . muy aburrida, porque los jugadores ya . . . . bastante cansados.
3. Mi hermana . . . . de enfermera en una clínica privada.
4. ¿Qué te pasa? ¿Por qué . . . . tan triste?
5. Oye, no grites tanto, que no . . . . sordo.
6. Él . . . . sordomudo de nacimiento.
7. El hijo de los vecinos . . . . muy travieso. Siempre . . . . haciendo alguna trastada.
8. Los mejores atletas suelen . . . . negros.
9. Los alumnos . . . . muy atentos en clase.
10. María . . . . una persona muy atenta.

EJERCICIO DE PUNTUACIÓN

(...) El obispo camina lentamente con su capa morada y su bastón hacia la capilla del maestre don Juan viene alguna mañana a verle en la capilla del maestre el obispo dice misa todos los días a tientas ayudado por sus familiares hemos dicho que él hubiera querido ver tan sólo un pedazo de muro blanco y azul tal vez ni esta inocente concupiscencia tiene como Segur el otro obispo ciego el obispo de la pequeña ciudad exclama «qué me importa después de todo ver o no ver la luz exterior...»

(Azorín, «Don Juan». Colección Austral, Espasa-Calpe, pág. 45.)

EJERCICIO DE ACENTUACIÓN

A pesar de que yo era un niño, recuerdo bastante bien a mi padre. Era un tipo indiferente y algo burlon; tenia la cara expresiva, los ojos grises, la nariz aguileña, la barba recortada; por mis informes debia ser un tipo parecido a mi, con el mismo fondo de pereza y de tedio marineros; ahora, que no era triste; por el contrario, tenia una fuerte tendencia a la satira. Sentia una gran estimacion por las gentes del Norte, noruegos y dinamarqueses, con quienes habia convivido; hablaba bien el ingles, era muy liberal y se reia de las mujeres.

(Baroja, «Las inquietudes de Shanti Andia», Colección Austral, pág. 18.)

Guía: Ahora, señoras y señores, vamos a ver varias salas que han sido inauguradas recientemente por el Ministerio de Cultura y que contienen obras muy importantes de la época romana. Esta primera sala, en donde nos encontramos ahora, está dedicada a todos los objetos, joyas y demás utensilios, que han sido descubiertos en estos últimos años en la acrópolis romana de Mérida. Las excavaciones se iniciaron en 1978 y aún se sigue excavando y encontrando valiosas piezas de aquella época.

Manolo: ¿Para qué servían estas vasijas?

Guía: Estas vasijas que ven ustedes en esta vitrina se utilizaban para guardar el incienso y otros perfumes, a los que eran muy aficionados los romanos. Y en aquellas vasijas grandes era transportado el vino desde nuestra Península al Imperio Romano.

Consuelo: Y ese mosaico policromado, ¿qué representa?

Guía: En la época romana se solían decorar las casas con grandes mosaicos policromados, donde se representaba a los dioses protectores y a los familiares muertos.

Manolo: ¿Es éste un sepulcro romano auténtico o una reproducción?

Guía: Cuando fue hallado este sepulcro, estaba en bastante mal estado, pero se han podido reunir las piezas que faltaban y ha sido completamente restaurado. Ahora constituye una de las piezas más valiosas de esta colección. Como pueden ver, se describe con gran detalle y realismo la vida de un gran personaje romano. Se cree que pertenece a la época cristiana, ya que varios símbolos, como el pez que ven ustedes aquí a la izquierda, eran utilizados sólo por los cristianos.

Consuelo: ¡Qué interesante! Creo que volveré otra vez al museo para poder contemplar más despacio todas estas obras de arte. ¡Merece la pena repetir la visita!

Preguntas:

1. ¿Cuándo han sido inauguradas las salas que van a ver ahora los turistas y por quién?
2. ¿Qué se puede ver en estas salas?
3. ¿A qué época está dedicada la primera sala?
4. ¿Dónde se han descubierto todos estos objetos?
5. ¿Cuándo se iniciaron las excavaciones? ¿Se sigue aún excavando?
6. ¿Para qué servían las vasijas expuestas en esta vitrina?
7. ¿Cómo se transportaba el vino español al Imperio Romano?
8. ¿Cómo se solían decorar las casas en la época romana?
9. ¿Cómo fue hallado el sepulcro romano y qué se describe en él?
10. ¿A qué época se cree que pertenece y por qué?

ESQUEMA GRAMATICAL 1

LA VOZ PASIVA: «SER» + PARTICIPIO PERFECTO DEL VERBO CONJUGADO

PRESENTE: «El ministro **es recibido** por las autoridades».
FUTURO: «El ministro **será recibido** por las autoridades».
IMPERFECTO: «El ministro **era recibido** por las autoridades».
INDEFINIDO: «El ministro **fue recibido** por las autoridades».
PERFECTO: «El ministro **ha sido recibido** por las autoridades».
PLUSCUAMPERFECTO: «El ministro **había sido recibido** por las autoridades».

(1) NOTA:

El participio de perfecto concierta con el sujeto paciente en género y número:

«El ministro ha inaugurado la exposición». — «La exposición ha sido **inaugurada** por el ministro.

«La oposición critica los planes del gobierno». — «Los planes del gobierno son **criticados** por la oposición».

(2) NOTA:

El agente aparece, normalmente, precedido de la preposición **por**.
Voz activa: Cervantes escribió «El Quijote».
Voz pasiva: «El Quijote» fue escrito **por** Cervantes.

EJERCICIO I. Siga el modelo

El profesor explica la lección. — *La lección es explicada por el profesor.*

1. Marcelino Sanz de Sautuola descubrió las cuevas de Altamira. — . . . .
2. La multitud vitoreaba al campeón. — . . . .
3. Los investigadores han descubierto una medicina contra el cáncer. — . . . .
4. El médico había operado al paciente. — . . . .
5. Los ministros solucionarán el grave problema energético. — . . . .
6. El pueblo aclamaba a sus reyes. — . . . .
7. Los diputados aprobaron la ley mayoritariamente. — . . . .
8. El Rector ha inaugurado el curso. — . . . .
9. Los trabajadores eligieron a 10 representantes. — . . . .
10. Las bombas destruyeron la ciudad. — . . . .

ESQUEMA GRAMATICAL 2

PASIVA REFLEJA: «SE» + TIEMPO VERBAL EN VOZ ACTIVA EN 3.ª PERS. SING./PLUR.

«Se alquila habitación».
«Se agotó la bebida».
«Se solucionará el problema».

«Se alquilan habitaciones».
«Se agotaron las bebidas».
«Se solucionarán los problemas».

NOTA: No confundir esta construcción con el pronombre «se» impersonal, ni con el pronombre reflexivo «se».
Ej.: «Se habla inglés y francés» (**impersonal**).
«La puerta se abre sola» (**reflexivo**).

EJERCICIO II. Siga el modelo

Ella alquila habitaciones.   — *Se alquilan habitaciones.*

1. Esta tienda vende libros importados. — ....
2. Los médicos tomarán medidas sanitarias. — ....
3. El colegio necesita dos profesores. — ....
4. Los gobiernos han acordado la paz. — ....
5. Él invertía grandes cantidades de dinero. — ....
6. La taquillera había vendido todas las entradas. — ....
7. Los empresarios compraron maquinaria nueva. — ....
8. Ellos habían agotado todas las provisiones. — ....
9. El ministerio ha concedido dos becas de investigación. — ....
10. Él vende coches de segunda mano. — ....

EJERCICIO III. Forme la pasiva refleja

Los proyectos han sido aprobados. — *Se han aprobado los proyectos.*

1. La autopista es contruida con capital extranjero. — ....
2. Las botellas son embaladas cuidadosamente. — ....

3. Todas las entradas han sido vendidas con antelación. — ....
4. Por toda la sala fueron instalados micrófonos. — ....
5. Todas las grabaciones serán conservadas en el archivo. — ....
6. Los contratos han sido revisados. — ....
7. El decreto fue aprobado. — ....
8. Las comunicaciones eran interrumpidas continuamente. — ....
9. Estas leyes han sido ya promulgadas. — ....
10. Varias escenas fueron criticadas. — ....

ESQUEMA GRAMATICAL 3

PASIVA DE ESTADO: «ESTAR» + PARTICIPIO PERFECTO DEL VERBO DEL QUE SE TRATE

	VOZ PASIVA	PASIVA DE ESTADO
Presente:	«El problema es solucionado».	«El problema **está solucionado**».
Imperfecto:	«El problema era solucionado».	«El problema **estaba solucionado**».
Indefinido:	«El problema fue solucionado».	«El problema **estuvo solucionado**».
Perfecto:	«El problema ha sido solucionado».	«El problema **ha estado solucionado**».
Pluscuamperfecto:	«El problema había sido solucionado».	«El problema **había estado solucionado**».
Futuro:	«El problema será solucionado».	«El problema **estará solucionado**».

NOTA: El participio de perfecto concierta con su sujeto en género y número.

«La mesa ha sido **reservada**».   «La mesa está **reservada**».

EJERCICIO IV. Forme la pasiva de estado

Él ha cerrado la caja con llave.   — *La caja ha estado cerrada con llave.*

1. Los enemigos sitiaron durante dos meses la ciudad. — ....
2. Él encendía todas las noches la chimenea. — ....

74

LA VOZ PASIVA

1. El enemigo tomó la ciudad.
   La ciudad fue tomada por el enemigo.

2. Colón descubrió América.
   América . . . .

3. Los rusos han lanzado un cohete a la luna.
   Un cohete . . . .

4. Mucha gente recibirá al primer ministro.
   El primer ministro . . . .

5. Un decorador francés decoró la casa.
   La casa . . . .

6. Los trabajadores eligen a los representantes.
   Los representantes . . . .

7. Las grúas descargaban las mercancías.
   Las mercancías . . . .

8. Los enemigos habían decretado la guerra.
   La guerra . . . .

9. El presidente suspendió la sesión.
   La sesión . . . .

10. El juez le ha condenado a un año de prisión.
    Él . . . .

1. En el campo se respira aire puro.

2. Dicen que el Rey hablará mañana por televisión.

3. Se sirve a domicilio.

4. Ha llovido durante toda la noche.

5. Hay muchos accidentes de carretera.

6. Cuentan muchas historias.

7. Se rumorea que el presidente irá a París.

8. ¿Hace mucho frío en invierno en tu país?

9. Han invitado a los participantes a los toros.

10. Está granizando.

3. El ministro representará al gobierno.
   — ....

4. Ellos organizaron muy bien la fiesta.
   — ....

5. Él resuelve todo.
   — ....

6. El secretario ha informado al presidente sobre la situación.
   — ....

7. La policía retuvo dos horas al sospechoso.
   — ....

8. A mi padre le detuvieron en la guerra.
   — ....

9. El Rector inaugura el curso.
   — ....

10. Terminaremos el trabajo la semana próxima.
    — ....

ESQUEMA GRAMATICAL 4

FORMAS IMPERSONALES

1) Los verbos que indican fenómenos atmosféricos se conjugan en 3.ª pers. sing.
   «**Llueve; nieva; graniza; truena**».
   «**Hace** frío, calor, sol, viento, buen tiempo». «**Hay** mucha nieve en la sierra».

2) «SE» + 3.ª pers. sing. (Forma impersonal para ocultar el sujeto.)
   «En este restaurante **se come** muy bien».
   «**Se dice** que su partido triunfará en las elecciones».

3) Verbo en 3.ª pers. plural. (Forma impersonal para ocultar el sujeto.)
   «**Dicen** que los dos partidos han llegado a un acuerdo».
   «**Cuentan** que durante la guerra se cometieron muchas injusticias».

EJERCICIO V. Ponga los verbos entre paréntesis en el tiempo y forma más adecuados

1. Se ....(alquilar) pisos junto al mar.
2. Antes, se .... (vivir) mejor que ahora.
3. En el futuro se .... (mandar) nuevos satélites al espacio.
4. Se .... (comentar) que pronto habrá una nueva crisis de gobierno.
5. Este año se .... (vender) menos coches que el año pasado.
6. Se .... (decir) que pronto serán liberados los rehenes.
7. Aquí .... (nevar) mucho en invierno.
8. Se .... (prohibir) fumar aquí.
9. A partir de las 9 de la noche no se .... (permitir) visitas.

ESQUEMA GRAMATICAL 5

VERBOS MODALES + GERUNDIO		
Andar Acabar Empezar Estar Ir Llevar Seguir/Continuar Venir Terminar	+ GERUNDIO	«Él **anda** dando recitales por todas partes». «**Acabamos** cenando en un restaurante chino». «El conferenciante **empezó** hablando de los últimos descubrimientos». «**Estoy** leyendo una novela muy interesante». «El enfermo **va** mejorando». «**Llevo** conduciendo todo el día». «**Siguieron/continuaron** bailando hasta las doce». «¿Qué **has venido** haciendo hasta ahora?». «**Terminaron** hablando de política».

EJERCICIO VI. Siga el modelo

Los precios no cesan de subir/*seguir*. — *Los precios siguen subiendo.*

1. Los alumnos llegan poco a poco/*ir*. — ....

2. Ellos hablan aún/*continuar*. — ....

3. Los anticuarios compran en todas partes/*andar*. — ....

4. Él se enfadó/*terminar*. — ....

5. Hemos jugado al tenis/*estar*. — ....

6. Él trabajó de botones en un hotel/*empezar*. — ....

7. Vivo en Santander desde hace tres años/*llevar*. — ....

8. El público no dejaba de aplaudir/ /*seguir*. — ....

9. Los médicos auscultan al enfermo/ /*empezar*. — ....

10. Ellos siempre se pelean/*acabar*. — ....

EJERCICIO VII. Utilice el gerundio

Escucho música mientras estudio. — *Escucho música estudiando.*

1. Si cumples con tu obligación, nadie te podrá echar del trabajo.
— ....

ESQUEMA GRAMATICAL 6

ALGUNOS VALORES DEL GERUNDIO

1. En lugar de una oración temporal.
«Luis ve la televisión mientras cena».　　　　«Luis ve la televisión **cenando**».

2) En lugar de una oración condicional.
«Si sabes escuchar, siempre te respetarán».　　**Sabiendo** escuchar, siempre te respetarán».

3) En lugar de una oración causal.
«Como él es hijo del jefe, tiene muchas ventajas».　　**Siendo** hijo del jefe, tiene él muchas ventajas».

2. ¿Podéis estudiar mientras veis la televisión?
— . . . .

3. Si le ayudamos todos, él saldrá adelante.
— . . . .

4. Como Madrid es la capital de España, viene mucha gente a buscar aquí trabajo.
. . . .

5. Nos gusta charlar mientras paseamos por el parque.
— . . . .

6. Si Ud. paga al contado, le haremos un descuento.
— . . . .

7. Como te levantas tan temprano, es lógico que a estas horas estés cansado.
— . . . .

8. Si me llevas a casa, me harás un gran favor.
— . . . .

9. Mientras pasean por las calles, miran los escaparates.
— . . . .

10. Si trabajamos todos juntos, conseguiremos algo positivo.
— . . . .

ESQUEMA GRAMATICAL 7

DIMINUTIVOS

-ITO(s), -ITA(s)	árbol-ito	«Hemos plantado varios arbol**itos** en el jardín».
	mes-ita	«Esta es una mes**ita** muy baja».
-ILLO(s), -ILLA(s)	perr-illo,	«Nuestra perra ha tenido cuatro perr**illos**».
	chiqu-illa	«Ella todavía es una chiqu**illa**».

-CITO(s), -CITA(s)	calor-cito	«Aquí hace calor**cito**».
	madre-cita	«Mi madre**cita** querida».
-ECITO(s), -ECITA(s)	sol-ecito	«¡Qué sol**ecito** más bueno!».
	flor-ecita	«Mira cuántas flor**ecitas** hay aquí».

EJERCICIO VIII.

En esta habitación hay un olor raro.   — *En esta habitación hay un olorcillo raro.*

1. Se veían dos *luces* en la lejanía.   — ....
2. ¿Dónde está mi *máquina* de afeitar?   — ....
3. Mi *abuela* nos cuenta muchos cuentos.   — ....
4. Luisito juega con la *pelota*.   — ....
5. Ya va haciendo *fresco*.   — ....
6. Déme el *cuaderno*.   — ....
7. Hay muchos *peces* en el estanque.   — ....
8. Allí pondremos dos *sillones*.   — ....
9. Tus gafas están en la *mesa* de noche.   — ....
10. Detrás de la casa hay una *puerta* que conduce al sótano.   — ....

EJERCICIO IX. Diga lo contrario

Tengo una mala noticia para ti.   — *Tengo una buena noticia para ti.*

1. Él se ducha con agua *caliente*.   — ....
2. Antonio es un *mal* estudiante.   — ....
3. La carta es muy *breve*.   — ....
4. Ésta es una pregunta muy *difícil*.   — ....
5. Este trabajo es el *mejor* de todos.   — ....
6. El asunto es muy *complicado*.   — ....
7. Hoy estamos muy *tristes*.   — ....
8. Hemos visto una película muy *aburrida*.   — ....
9. Juan es muy *perezoso*.   — ....
10. El Ayuntamiento está en un edificio *moderno*.   — ....

ORTOGRAFÍA

USO DE B

Se escriben con B:

1. Todos los verbos terminados en **-bir, -buir, -aber** y **-eber**. Excepto **hervir, servir, vivir, precaver** y **atrever**.

   La terminación **-ba, -bas, -ba, -bamos, -bais, -ban** del pretérito imperfecto de indicativo de los verbos de la primera conjugación. Asimismo, el imperfecto de indicativo del verbo ir.

2. Los vocablos que comienzan por **bibl-, bea-, abu-, bi-, bene-, bu-, bur-, bus-**.
   biblioteca, beatitud, abocar, abuelo, bisabuelo, benefactor, buscar, bursátil.

3. Los vocablos acabados en **-bilidad, -bundo, -bunda**, excepto **movilidad** y **civilidad**.
   Toda voz que termine en **-b**.
   Antes de cualquier consonante.
   amabilidad, habilidad, abundante, vagabundo, meditabundo, Jacob, querub, amable, brazo, abnegación, obstruir.

EJERCICIO X. Ponga la grafía correspondiente.

1. Cuando acaba. . .an las clases, se i. . .an al bar.

2. Estuve en la . . .iblioteca de la facultad.

3. Los niños i. . .an todos los días a saludar al a. . .uelo.

4. Es un experto en conta. . .ilidad.

5. Atri. . .uían los acuerdos al jefe de go. . .ierno.

6. Habla. . .an todos al mismo tiempo.

7. Los alumnos le hacían . . .urla en clase.

8. El vehículo adquirió una gran mo. . .ilidad.

9. La bandera es . . .icolor.

10. La . . .rújula ayuda a los montañeros.

EJERCICIO DE ENTONACIÓN

En un rincón, una pareja que ya no se coge las manos, mira sin demasiado disimulo.

—¿Quién es esa conquista de Pablo?

—No sé, parece una criada, ¿te gusta?

—Psché, no está mal...

—Pues vete con ella, si te gusta, no creo que te sea demasiado difícil.

—¿Ya estás?

—Quien ya está eres tú. Anda, rico, déjame tranquila que no tengo ganas de bronca; esta temporada estoy muy poco folklórica.

El hombre enciende un pitillo.

—Mira, Mari Tere, ¿sabes lo que te digo?, que así no vamos a ningún lado.

—¡Muy flamenco estás tú! Déjame si quieres, ¿no es eso lo que buscas? Todavía tengo quien me mire a la cara.

—Habla más bajo, no tenemos por qué dar tres cuartos al pregonero.

(Camilo José Cela, «La Colmena», Ed. Noguer, pág. 93.)

LECCIÓN 8
EN LA FACULTAD

Antonio: ¡Hola, Luis! ¿Dónde vas tan deprisa?

Luis: A clase. Acaba de entrar el catedrático y no quiero perderme la explicación de hoy. Nos había prometido que nos iba a explicar las salidas profesionales de nuestra carrera. Adiós.

Antonio: Hasta luego. Ya hablaremos. Tengo una serie de proyectos que ya te explicaré. Nos vemos en el bar a la hora de siempre. ¿De acuerdo?

Luis: De acuerdo.

EN CLASE

El profesor: ...Como les había anunciado hoy vamos a comentar algunos aspectos importantes en relación con la profesionalidad de sus especialidades.

Es bien sabido por todos ustedes que las especialidades llamadas tradicionalmente Humanidades, excepto la licenciatura de Derecho, están abocadas, en su mayoría, a la docencia. El resto de las salidas profesionales casi ha desaparecido, por lo que su preparación debe ir encaminada en esa dirección...

EN EL BAR

Antonio: ¿Qué tal? El catedrático os despejó muchas dudas o ¿no?

Luis: Bueno, la verdad es que nos habló muy sinceramente y nos vino a confirmar lo que ya presumíamos: que el porvenir en la enseñanza no es nada halagüeño.

Antonio: Nos queda la creación. Somos los intelectuales del futuro. Pero dejemos de pensar en ello. Te invito a un recital extraordinario. Se trata nada más y nada menos de...

Luis: Aún me queda tiempo para preparar oposiciones. Iré.

EN EL RECITAL

Luis: Oye, Antonio, el cantautor es demasiado flojo. No ajusta la letra a la música.

Antonio: Ya lo sé, pero con un poco de paciencia corregirá ese y otros fallos. Paciencia.

Luis: Pues, paciencia.

Antonio: Pero, escucha, ¡qué letra! ¡Estamos ante un verdadero intelectual!

Preguntas:

1. ¿A dónde va Luis cuando le saluda Antonio?
2. ¿Por qué va Luis tan deprisa?
3. ¿Qué les dice el profesor?
4. ¿Para qué quiere Antonio hablar con Luis?
5. ¿Tiene la licenciatura en Derecho pocas salidas?
6. ¿Cuáles son las salidas profesionales de las especialidades de Letras?
7. ¿Es bueno el cantautor?
8. ¿Es profundo su pensamiento?
9. ¿Se dedicará Luis a la docencia?
10. ¿Qué tiene que preparar Lúis en un futuro próximo?

ESQUEMA GRAMATICAL 1

EXPRESIÓN DE LA CAUSA

1. Mediante las conjunciones: **porque, pues, puesto que, ya que, como.**
2. Mediante las locuciones: **a causa de que, por cuanto, en vista de que.**
3. **Por, a causa de** + **sustantivo.**
4. **Por** + **infinitivo.**

«No bebo **porque** me hace daño».
«No vendrá, **ya que** está enfermo».
«**En vista de que** no estudia, se quedará sin premio».
«Cantaron **por** obligación».
«**Por** correr demasiado, se hizo daño».

EJERCICIO I. Forme la oración causal

Caliéntame el café. Está frío.　　　　— *Caliéntame el café, pues está frío.*

1. Se suspendió el partido de rugby. Nevaba. — ....
2. Estuvieron en el circo. Invitar. — ....
3. Engordó. Comer demasiado. — ....
4. Adelgazaste. Hacer régimen. — ....
5. Ven a recogerme. Sales pronto. — ....
6. Lo suspendieron. No respondió. — ....
7. Abre la puerta. Tienes la llave. — ....
8. Estuvo en prisión. Estafó a sus amigos. — ....
9. Vendrán a buscarnos. Es tarde. — ....
10. Id de viaje. Pasarlo bien. — ....

EJERCICIO II. Siga el modelo

Iré al mercado porque no llueve.　　　— *No llueve, así que iré al mercado.*

1. Nos iremos, ya que es hora de cenar. — ....
2. Pagamos más puesto que ha
subido la vida. — ....
3. Llora porque le han castigado. — ....
4. Bebed vino porque me lo han
regalado. — ....
5. Está en la cárcel por infringir la ley. — ....

LOCUCIONES PREPOSITIVAS

1. El agua está *por encima* del puente.

2. El agua está *por debajo del* puente.

3. María salió *con destino* a Toledo.

4. Mercedes aprobó *a fuerza* de trabajar.

5. El niño iba *en medio de* los padres.

6. La niña iba *por delante* de los padres.

7. Luchó *en favor* de los débiles.

8. Jugó *en lugar de* Antonio.

9. Tomó el sol *en vez de* nadar.

10. Se mantuvo *en contra de* todos.

6. A causa de tus exámenes,
   no iremos de vacaciones.   — ....
7. En vista de que gana, apostaremos
   por él.   — ....
8. No entiendo la letra porque escribe
   muy mal.   — ....
9. Se quedó dormido porque tenía
   mucho sueño.   — ....
10. No podía correr porque era cojo.   — ....

ESQUEMA GRAMATICAL 2

EXPRESIÓN DE LA CONSECUENCIA

1. Mediante las conjunciones: **Luego, conque, así que, por (lo) tanto, así pues, por consiguiente.**

   «No tengo dinero, así que no me puedo comprar un coche.»

2. **Tan + adjetivo + que**: Es **tan** listo que...
3. **Tal + nombre + que**: Dijo **tales** palabras que...
4. **Tanto + nombre + que**: Tiene **tantos** juguetes que...
5. **Tanto + verbo + que**: **Tanto** estudié que...
6. **Tan + adverbio + que**: Voy **tan** lejos que...

NOTA: La proposición consecutiva se construye normalmente en indicativo o en imperativo.

EJERCICIO III. Complete la frase

Es tan listo que (descubrir) la verdad.   — *Es tan listo que descubrió la verdad.*

1. Dio tal grito que (retumbar) la casa.   — ....
2. Tiene tantos juguetes que no
   (jugar) con ninguno.   — ....
3. Tanto come que (reventar) algún día.   — ....
4. Estoy tan cerca que (ir) andando.   — ....
5. Comentó tales disparates que nos (asombrar).   — ....
6. Tanto canté que (quedar) afónico.   — ....
7. Tiene tantas amistades que no (poder)
   visitarlas.   — ....
8. Escribe tan alegremente que no (tener en
   cuenta) la ortografía.   — ....
9. Aduje tales razones que nadie le (contradecir). — ....
10. Anduvo tanto que (sentirse) cansado.   — ....

ESQUEMA GRAMATICAL 3

EXPRESIÓN DEL TIEMPO: A, DE	
A	«Al día siguiente, a la mañana, al mediodía, al anochecer, al atardecer, al amanecer.»
De = «Durante»	«De noche estudiábamos en tiempos de examen.»
La fecha:	«Estamos a 5 de diciembre.» «Nació el (día) 3 de enero.»

EXPRESIÓN DEL TIEMPO: EN, POR	
En	«En verano, en invierno, en abril.»
Por	«Hoy por la mañana, ayer por la tarde.»
Tras = «Después de»	«Le encontramos tras mucho buscarle.»

EJERCICIO IV. Coloque la preposición adecuada (a, de)

1. En Santander hace más calor . . . . día que . . . . noche.
2. Todos los días te acuestas . . . . las 12 h. . . . . la noche.
3. . . . . amanecer estudio mejor.
4. Llegó de viaje . . . . medianoche.
5. . . . . noche todos los gatos son pardos.
6. . . . . madrugada solía despertarse.
7. Estamos . . . . 5 de febrero.
8. Madrid . . . . 5 de febrero de 1989
9. En el turno . . . . noche se trabaja más que en el . . . . día.
10. ¿ . . . . cuántos estamos hoy?

EJERCICIO V. Coloque la preposición adecuada

1. . . . . diciembre viajaremos a España.
2. Hoy . . . . la tarde saldremos de paseo.
3. Le encontraron . . . . medianoche.
4. ¿A qué hora os levantáis . . . . la mañana?
5. . . . . los acuerdos, firmaron la paz.
6. . . . . abril, aguas mil.

7. Ayer . . . . tarde, estuve en el circo.
8. . . . . el siglo XXI vivirán mejor las personas.
9. . . . . la mañana no puedo tomar café.
10. . . . . la entrevista, le contrataron para actuar en la obra.

ESQUEMA GRAMATICAL 4

```
┌─────────────────────────────────────────────────────────────┐
│ EXPRESIONES + SUBJUNTIVO                                      │
├─────────────────────────────────────────────────────────────┤
│                                                               │
│     A no ser que        ⎫                                     │
│     Como no sea que     ⎬   + Subjuntivo                      │
│     Con tal que         ⎭                                     │
│     Siempre que                                               │
│                                                               │
│   *   "Con tal de"   ────────▶  + Infinitivo                  │
│                                                               │
└─────────────────────────────────────────────────────────────┘
```

EJERCICIO VI. Ponga la forma correcta

1. Siempre que (portarte bien...), tendrás un premio.
2. Con tal que no (abrir...) la ventana, me doy por satisfecho.
3. Con tal de (bañarme...) lo demás no me interesa.
4. Como no sea que (llamarme...) el lunes, hasta ahora no tengo noticias del asunto.
5. A no ser que (correr...) mucho, no le alcanzarás.
6. Con tal de (progresar...) es capaz de cualquier cosa.
7. Siempre que él (venir...) a casa discutimos por cualquier cosa.
8. Con tal que (aprobar...) me doy por contento.
9. Como no sea que el niño (saberlo...) no encontrará a sus padres.
10. La corrida se celebrará a las 5 de la tarde, a no ser que (llover...) a cántaros.

EJERCICIO VII. Ponga la forma correcta

1. No creo que la carta (aparecer...) en el despacho.
2. No era cosa de que tú (decírselo...) en aquel momento.
3. Le enfadó que yo no (acordarse...) de su santo.
4. Dudo que (atreverse...) a cantar.
5. (ser...) como (ser...) tienes que presentarte al examen.
6. Desconozco cuánta sangre (poder...) haber perdido.
7. (llegar...) cuando (llegar...) nos dará una grata alegría.
8. En mi opinión, es mejor que tú (quedarte...) en la estación y (esperar...).
9. Yo no podía creer que él (escalar...) la montaña.
10. No pensaba que te (ir...) a molestar mi pregunta.

PREPOSICIONES AGRUPADAS

1. El perro salió *de entre* los arbustos.

2. *De a* cien pesetas a cincuenta.

3. Llueve *desde por* la tarde.

4. Llegaron *hasta de* Groenlandia.

5. Hace calor *hasta en* el Norte.

6. Déjalo *para por* la mañana.

7. Huyó *por entre* la policía.

8. Ve cine *hasta por* la televisión.

ORTOGRAFÍA

USO DE V

Se escriben con V:

1. El pretérito indefinido, el imperfecto y futuro de subjuntivo de los verbos «estar», «andar», «tener» y sus compuestos. Asimismo, los presentes de indicativo, imperativo y subjuntivo del verbo «ir».
   anduve, tuviste, tuviera, estuvieras, voy, vayas, va.

2. Los vocablos que comienzan por ad-, vice-, villa-, villar-.
   advierto, advertir, vicecanciller, villancico, vicecónsul, vicepresidente, villano, Villarcayo, adversario, adverbio.

3. Las palabras llanas acabadas en: -ave, -avo, -eva, -eve, -evo, -iva, -ivo, -viro, -vira y las esdrújulas acabadas en -ívora, -ívoro.
   cueva, cautiva, declive, activo, esclavo, breve, grave, carnívoro, triunviro, Elvira.

EJERCICIO VIII. Ponga la grafía correspondiente

1. Antonio andu. . .o buscando a El. . .ira.
2. Pedro ad. . .irtió del peligro al . . .icepresidente.
3. El equipo contrario fue un excelente ad. . .ersario.
4. El tema será el ad. . .erbio y sus di. . .ersas clases.
5. El boxeador estu. . .o en decli. . .e toda la pelea.
6. Por Navidad cantaron . . .illancicos.
7. En . . .illanueva de los Infantes estu. . .o Quevedo.
8. Juan es muy acti. . .o.
9. Es e. . .idente que sabe mucho inglés.
10. El traje es demasiado llamati. . .o.

EJERCICIO DE PUNTUACIÓN

Cuando la guerra había unos colegios de párvulos con el refugio al lado y nos bajaban a los niños al refugio una bodega o una catacumba en cuanto sonaban las sirenas pero los niños no teníamos nunca sensación de peligro pues la muerte es un concepto y los niños no estábamos para conceptos lo mejor del bombardeo de las sirenas de los aviones de los refugios era que no había que estudiar ni dar la lección y que descubríamos de pronto los niños que la tabla de multiplicar no era una ceremonia ininterrumpible sagrada como una misa o una boda sino que el vagido de una sirena hacía saltar esa tabla y todos corríamos por encima de los pupitres.

(Francisco Umbral, «Memorias de un niño de derechas». Ed. Destino, pág. 47.)

POR TELÉFONO

Juan: ¿Mercedes? ¡Hola! Soy Juan. ¿Cómo estás?

Mercedes: Bien, enhorabuena por tus oposiciones. Estarás muy contento, ¿no?

Juan: Contentísimo. Por eso te llamo; quiero invitaros esta noche. ¿Podrás avisar a Lucía y Pedro?

Mercedes: No sé si Pedro y Lucía podrán venir; lo intentaré. Pero, ¿dónde?, ¿a qué hora quedamos?

Juan: Podríamos quedar a las siete y media en la Cava Baja, en el Mesón de la Tortilla. Tomar algo por allí y después ir a bailar a una discoteca o a una sala de fiestas. ¿Te parece bien?

Mercedes: Por mí, encantada. Hasta luego y gracias.

EN EL MESÓN

Mercedes, Pedro y Lucía: ¡Enhorabuena por tu oposición, y que apruebes muchas más!

Juan: Espero que sea la última. Es muy desagradable el oficio de opositor.
¡Camarero! Por favor, ponga tres blancos y un tinto (que sean de la Mancha).

Mercedes: ...y unos pinchos de tortilla, una ración de morcilla...

Pedro: ...por mí, con una ración de pulpo, me es suficiente.

Lucía: ...para mí unos calamares.

Camarero: Marchando: tres blancos y un tinto; ración de tortilla, morcilla, pulpo, calamares... ¿Quieren algo más?

Juan: De momento, nada más. ¿Queréis algo más?

Pedro: Sí, pídeme otro vino. Tenía mucha sed.

Mercedes: Una cerveza.

Pedro: Ahora no, no es bueno tomarla después del vino. Pide un vino con gaseosa.

Mercedes: ¡No! El vino solo. No me gusta mezclarlo con gaseosa. Por el contrario, sí me gusta la sangría.

Lucía: ¡Camarero! ¿Tiene sangría? ¿Sí? Pues pónganos para dos. ¿Alguien más quiere sangría?

Pedro y Juan: Nosotros.

Lucía: ¡Camarero! Cuatro de sangría.

Preguntas:

1. ¿Para qué llama Juan a Mercedes?
2. ¿Por qué?
3. ¿Dónde quedan?
4. ¿A qué hora?
5. ¿Pedro y Lucía van también?
6. ¿Por qué le dan la enhorabuen a Juan?
7. ¿Qué piden de beber en el mesón? ¿Y de comer?
8. ¿Por qué es mala la cerveza después del vino?
9. ¿Le gusta a Mercedes la sangría?
10. ¿Cómo se divierte la gente en su país?

ESQUEMA GRAMATICAL 1

EXPRESIÓN DE LA CONDICIÓN

- Mediante la conjunción: **Si.**

- Por otras conjunciones: **Como, en el caso de que, con que, a condición de que, a menos que, en el supuesto de que, siempre que, con tal que.**

  «**Si** llueve, no haremos la excursión».
  «Te castigaré **como** salgas de casa».
  «**En el caso de que** llame, dile que ya lo sé».
  «**Con que** llueva un poco, me conformo».
  «Te regalo el encendedor **a condición de que** lo utilices».
  «No me prestes dinero **a menos que** no tenga».
  «Saldrá de prisión **en el supuesto de que** lo indulten».
  «Te compraré una bicicleta **siempre que** seas buena».
  «Alcanzarás el premio **con tal que** te lo propongas».

EJERCICIO I. Utilice otras conjunciones

Si subo por la escalera, haré ejercicio.   — *Como suba por la escalera, haré ejercicio.*

1. Si vas a clase, aprenderás
   mucho.   — ....
2. Si piensas demasiado, te dolerá
   la cabeza.   — ....
3. Si hacemos la quiniela,
   nos tocará.   — ....
4. Si vamos a este cine, veremos una
   buena película.   — ....
5. Si estudiáis mucho, aprobaréis el
   curso.   — ....
6. Si hacéis el viaje en barco, os
   gustará.   — ....
7. Si practicáis el fútbol, os sentará
   bien.   — ....
8. Si vienes con nosotros, te invitaremos
   a comer.   — ....
9. Si vas al médico, te enviará
   antibióticos.   — ....
10. Si tiene Ud. algún problema, llámeme
    por teléfono.   — ....

ESQUEMA GRAMATICAL 2

EXPRESIÓN DE LA CONDICIÓN

Condición realizable

Indicativo
- «Si quieres, ven a casa.»
- «Si tienes miedo, te acompañaré.»
- «Si ha llamado, le habrán dado el recado.»

Imperativo
- «Báñate y no tendrás calor.»

Condición irrealizable o simple hipótesis

Subjuntivo
- «Si viviera tu padre, estaría orgulloso de ti.»
- «Si mañana nevara, podríamos ir a la sierra.»
- «Si hubiera nevado, habríamos ido a la sierra.»

Infinitivo precedido de DE o CASO DE
- De bañarte no hubieras tenido calor.

Gerundio
- «Bañándote no tendrías calor.»

Con un complemento de modo detrás de CON o SIN
- «Con la luz encendida no hubieras tropezado.»

Si: (+ viene, + viniera-viniese, + ha venido, + hubiera venido + hubiese venido...)

No: Si (+ vendrá, + vendría, + habrá venido, + habría venido...)

EJERCICIO II. Ponga el tiempo correspondiente

1. Si hubieses llegado pronto, nosotros (esperarte) . . . .
2. Si ha ido con él, (aburrirse) . . . . de todas todas.
3. Si a Ud. no le molesta, (quedarme) . . . . esperando.
4. Si no te gusta esta comida, (poder) . . . . pedir otra.
5. Caso de que Pedro (venir) . . . ., avísame.
6. De (tener) dinero, (comprar) . . . . muchos libros.
7. Si sale el avión con puntualidad, (llegar) . . . . a su destino.
8. En el caso de que todo (ir) . . . . bien, (aprobar) . . . . la oposición.
9. Si hubieras estado aquí, no (ocurrir) . . . . lo que pasó.
10. Si te hubieras abrigado, no (coger) . . . . frío.

EJERCICIO III. Siga el modelo

Si enciendes la luz, no tropezarás.

— *Encendiendo la luz, no tropezarás.*
— *De encender la luz, no hubieras tropezado.*
— *Con la luz encendida, no hubieras tropezado.*

1. Si eres amable, te invitarán a su casa.

— ....

2. Si andamos despacio, llegaremos tarde.

— ....

3. Si jugamos a la lotería, nos tocará.

— ....

4. Si tomamos el sol, nos pondremos morenos.

— ....

5. Si llueve, no iremos al campo.

— ....

6. Si estudiáis, os regalaré un caramelo.

— ....

7. Si cantas, nos alegrarás mucho.

— ....

8. Si vamos a los toros, nos divertiremos.

— ....

9. Si viajamos en avión, iremos rápido.

— ....

10. Si gritas, despertarás a los demás.

— ....

EJERCICIO IV. Siga el modelo

Jugando al ajedrez no te aburrirías.

— *Si juegas al ajedrez, no te aburrirás.*

1. Bebiendo mucho vino, te emborracharías.

— ....

2. Cerrando la puerta, no entraría aire.

— ....

3. Enchufando la televisión, vivirías las noticias.

— ....

4. Montando la tienda de campaña, ahorraríamos dinero.

— ....

5. Comprando la prensa, estaríais bien informados.

— ....

6. Asistiendo a los conciertos, oiríamos buena música.

— ....

7. Escuchando a los demás, nos equivocaríamos menos.

— ....

8. Fumando menos, estaríamos mejor físicamente.

— ....

EJERCICIO V. Siga el modelo

Él ha suspendido el examen porque no ha estudiado nada.
Si hubiera estudiado, habría aprobado el examen.

1. No pude ir a la fiesta porque estaba enfermo.
   . . . .

2. No fuimos de excursión porque hacía muy mal tiempo.
   . . . .

3. Tú no quieres hablar con tu jefe porque le tienes miedo.
   . . . .

4. No quisisteis escucharme y ahora estáis pagando las consecuencias.
   . . . .

5. No podemos ir a esquiar porque no hay nieve en la sierra.
   . . . .

6. Él mató a su suegra y por eso está ahora en la cárcel.
   . . . .

7. Te han puesto una multa porque has aparcado en un sitio prohibido.
   . . . .

8. El coche se salió de la calzada porque iba a gran velocidad.
   . . . .

9. Vosotros no leéis la prensa y por eso no estáis bien informados.
   . . . .

10. Ella se casó con un «viva la vida» y ahora está arrepentida.
    . . . .

ESQUEMA GRAMATICAL 3

PREFIJACIÓN

A-, An-,	«Privación, negación».	**Hipo-,**	«Inferioridad, disminución».
Anfi-,	«Alrededor, ambos».	**In-, Im-, Infra-,**	«Inferioridad, defecto».
Ante-,	«Anterioridad».	**Pos-, post-,**	«Posterioridad».
Anti-,	«Oposición».	**Pre-,**	«Anterioridad».
Archi-,	«Preeminencia».	**Sub-,**	«Inferioridad».
Circun-,	«Posición o movimiento alrededor».	**Supra-,**	«Situación más arriba».
Des-, De-,	«Privación, negación».	**Trans-, tras-,**	«Situación al otro lado».
Dia-,	«A través de».	**Ultra-,**	«Situación más allá».
En-,	«Interioridad».		
Endo-,	«Interno».		
Entre-,	«Situación intermedia».		
Epi-,	«Encima, junto a».		
Eu-,	«Bien, bueno».		
Ex-,	«Dirección hacia fuera, cesación».		
Extra-,	«Situación exterior».		

PREFIJOS

1. Anemia.

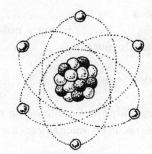

2. Átomo

3. Anfiteatro.

4. Archipiélago.

5. Epitafio.

6. Enciclopedia.

7. Diagnóstico.

8. Sobrecarga.

9. Preconciliar.

10. Ultraderechista.

EJERCICIO VI. Utilice el prefijo más adecuado

1. El Gobierno quiere evitar una nueva .... valuación de la peseta con respecto al dólar.
2. Ellos viven en la .... planta y nosotros en el segundo.
3. Por desgracia hay todavía en el mundo muchos .... alfabetos que no saben ni escribir su nombre.
4. Muchas personas están de acuerdo con la .... tanasia cuando la enfermedad es .... curable.
5. El .... presidente del gobierno se ha negado a hacer declaraciones a la prensa.
6. Los .... derechistas recurren muchas veces al uso de la fuerza para .... poner sus ideas.
7. En los .... radios de las grandes ciudades viven muchas personas en condiciones .... humanas.
8. Hay que .... poner la razón a los sentimientos.
9. Él es .... divorcista y .... conciliar en sus creencias religiosas.
10. Antes de tomar una decisión debes de .... ver las consecuencias.

EJERCICIO VII. Consulte el significado de las siguientes palabras y forme frases

Analfabeto	Encestar
Anarquía	Endocrinología
Anfibio	Entreplanta
Anovulatorio	Epitalamio
Asimétrico	Eufemismo
Anteponer	Ex-director
Anticlerical	Extraoficial
Antidivorcista	Hipotensión
Archifamoso	Postventa
Circunvecino	Preconciliar
Devaluar	Supranacional
Diálogo	Ultrademagogo

EJERCICIO VIII. Utilice el adverbio más apropiado

1. Conduce .... , la carretera está muy resbaladiza.
2. He comido .... y ahora me duele el estómago.
3. Por favor, hable más .... pues no le oigo.
4. Él ha hecho muy .... el examen y por eso le han suspendido.
5. Ella toca la guitarra muy .... Es una gran guitarrista.
6. Ud. trabaja .... Debe tomarse unos días de descanso.
7. El enfermo fue trasladado .... al hospital.
8. .... nos hemos divertido tanto como hoy.
9. Él nos saludó muy .... , y nos invitó a una taza de café.
10. ¿Qué significa .... esta palabra?

EL ADVERBIO

1. *Rápidamente* llegaron los policías.
   (= de una manera rápida).

2. La comida ha estado *bien.*
   (= de una manera buena).

3. *Hoy* trabajamos poco.
   (= en el día actual).

4. *Mañana* saldremos de viaje.
   (= en el día venidero).

5. *Aquí* nos sentaremos.
   (= en este lugar).

6. *Allí* beberemos una cerveza.
   (= en aquel lugar).

7. *Nunca* he comido tanto.
   (= en ningún momento).

8. Estamos *cerca* de la fuente.
   (= en un lugar próximo).

9. Ve *despacio,* el suelo está helado.
   (= de una manera lenta).

10. Los niños han comido *mucho.*
    (= mucha cantidad).

99

ORTOGRAFÍA

USO DE G

Se escriben con G:

1. Las palabras que empiezan por **geo**.
   geometría, geodesia, geológico, geopolítico, geógrafo, geología.

2. Los verbos acabados en **-ger, -gir, -igerar**.
   proteger, fingir, coger, aligerar, mugir, regir, escoger, morigerar.

3. Las palabras acabadas en **-gen, -gélico, -genario, -gesimal, -giénico, -ginal, -gia, -ígena**.
   origen, margen, angélico, fotogénico, primogénito, higiénico, neologismo, regio, teología, lógico, indígena.

EJERCICIO DE ACENTUACIÓN

Don Orlando conto todo lo que sabia de su antiguo socio. Dio multitud de pequeños detalles; repitio muchas veces que nunca habian estado asociados, que algun pequeño negocio junto si que lo habian hecho, pero en total poca cosa. Luego —preciso— desaparecio sin dejar rastro. Yo lo hacia —dijo— por America, porque algo de eso le oi una vez. Los policias se despidieron de don Orlando. Este paso a su despacho. La cabeza le daba vueltas. Destapo la maquina de escribir y redacto una carta que no firmo.

(Ignacio Aldecoa, «Cuentos completos».
Ed. Alianza, pág. 67.)

EJERCICIO IX. Ponga la grafia correcta

1. El león prote...ió a los cachorros.
2. Las vacas mu. . .ieron en el establo.
3. La . . .eopolítica se ha desarrollado espectacularmente.
4. Es un niño con in. . .enio.
5. Estudió en la Facultad de Ciencias . . .eológicas.
6. Es un escrito con abundancia de neolo. . .ismos.
7. La joven era foto. . .énica.
8. La política a veces es demagó. . .ica.
9. Estuvimos en un local poco hi. . .iénico.
10. Estudiamos en el mismo cole. . .io.

LECCIÓN 10
VISITA A UNA REDACCIÓN

Carlos: Estoy contento porque mañana vamos a visitar la redacción del diario «El País». Hemos quedado en ir a partir de las ocho de la tarde.

Jaime: Siento mucho no poder ir, pero mañana tengo clases a esa hora y aunque quisiera, no puedo asistir.

Pilar: ¿No puedes cambiarlas?

Jaime: Me es imposible porque los alumnos no pueden a otra hora. Además, la semana pasada no tuvimos clase.

Carlos: Tú te lo pierdes. De todas formas, ya te comentaremos nuestras impresiones aunque, a lo mejor, no nos hacen mucho caso.

Jaime: Uno no puede estar en varios sitios a la vez... aunque me gustaría ir con vosotros, pero el deber es el deber.

101

DÍAS DESPUÉS

Jaime: ¿Qué tal la visita a la redacción de «El País»?

Pilar: Muy interesante, si bien anduvimos un poco desorientados al principio.

Carlos: ¡Fantástico! Nos enseñaron cómo los teletipos sirven las noticias y cómo las confeccionan a partir de las que les sirven las agencias.

Jaime: Aunque sea mucho preguntar, ¿os enseñaron la confección del periódico?

Pilar: ¡Por supuesto!

Carlos: Aunque no nos enteramos de mucho, resultó muy instructivo.

Jaime: Me imagino que las nuevas técnicas de impresión hacen innecesarios los cajistas y las galeradas, ¿no?

Pilar: De verdad, fueron tantos los aspectos que observé que no sabría responderte.

Jaime: ¿Estaba el consejo de redacción?

Carlos: No sé; sí estaba, en cambio, el director, que fue muy amable con nosotros. Nos explicó la importancia del editorial en la línea política del periódico.

Jaime: ¡Qué pena no haber podido ir!

Pilar: Seguro que la próxima vez que vayamos estarás con nosotros.

Jaime y Carlos: ¡Ojalá!

Preguntas:

1. ¿Dónde van Carlos y Pilar?
2. ¿A qué hora?
3. ¿Puede ir Jaime? ¿Por qué?
4. ¿Les gustó la visita a la redacción?
5. ¿Qué vieron allí?
6. ¿Les enseñaron cómo se confecciona el periódico?
7. ¿Vieron las galeradas?
8. ¿Estuvo con ellos el director?
9. ¿Qué importancia tienen los editoriales?
10. ¿Qué opina Ud. sobre los medios de comunicación social?

ESQUEMA GRAMATICAL 1

EXPRESIÓN DE LA CONCESIÓN

Mediante la conjunción: **Aunque**

y también: **A pesar de que, aun cuando, así, si bien, por más que, por mucho que, por muy bien que.**

«Aunque estudia mucho, no aprueba el curso».
«A pesar de que trabaja, no obtiene rendimiento».
«Aun cuando tengo fiebre, estoy mejor».
«Por mucho que corras, no llegarás».

Y todo, después de un gerundio, un participio, o un adjetivo, tiene valor concesivo.
«Loco y todo nunca dejó de trabajar».

EJERCICIO I. Siga el modelo

Aunque (discutir), siempre estamos
juntos.

— *Aunque discutimos, siempre estamos juntos.*

1. A pesar de que (viajar) bastante,
   no conoce París.
   — ....

2. Aun cuando (llorar), no le
   ocurre nada.
   — ....

3. Por más que (bailar), no
   se cansarán.
   — ....

4. Por muy bien que (hacerlo),
   no obtendrás el premio.
   — ....

5. Puesto que así (quererlo), vendrás
   conmigo.
   — ....

6. No se tomará el jarabe así (matarlo).
   — ....

7. Aunque vayas a protestar, no
   (hacerte) caso.
   — ....

8. Si bien María (protestar), siempre
   hace lo que quiere.
   — ....

9. Estoy mucho mejor aun cuando
   (tener fiebre).
   — ....

10. Puesto que tú (llegar) en avión,
    iremos a esperarte.
    — ....

EXPRESIÓN DE LA CONCESIÓN

1. A pesar de que llovía torrencialmente, siguieron jugando al fútbol.

2. Aun cuando tengo mucho que hacer, iré con vosotros al cine.

3. Por más que corramos, no podremos alcanzarles.

4. Si bien la situación es muy difícil, no debes perder los nervios.

5. Aunque no me enteré de muchas cosas, la conferencia me pareció interesante.

6. Por muy bien que conduzcas, debes de tomar las curvas más despacio.

7. Aunque come mucho, no engorda.

8. A pesar de que está enfermo, sigue trabajando.

9. Por más que se lo digo, él no me hace caso.

10. Por mucho que estudiéis, no aprobaréis el examen.

ESQUEMA GRAMATICAL 2

EXPRESIÓN DE LA CONCESIÓN: MODO INDICATIVO

Cuando la concesión recae sobre un hecho real:

- **Tiempo pasado:** cuando la acción se cumplió.
- **Tiempo presente o futuro:** cumplimiento cierto.

> «Aunque estuve allí, no lo vi».
> «Aunque estudia mucho, no obtiene buenas notas».
> «Aunque he limpiado el coche, no está limpio».

ESQUEMA GRAMATICAL 3

EXPRESIÓN DE LA CONCESIÓN: MODO SUBJUNTIVO

Cuando la concesión recae sobre un hecho supuesto, dudoso o cumplimiento inseguro:

- **Tiempo pasado:** cuando la acción no se cumplió.
- **Tiempo presente o futuro:** cumplimiento incierto.

> «Aunque hubiera estado allí, no le hubiese visto».
> «Aunque vayas a protestar, no te harán caso».

EJERCICIO II. Empleo del subjuntivo

1. Por mucho que (llorar) . . . ., no os dejaremos salir.
2. Aunque (ganar) . . . ., no podrás devolverle el dinero.
3. Por más que (comer) . . . ., no engordarás.
4. Aunque (querer) . . . ., no podría casarme contigo.
5. Aun cuando (volver) . . . ., no lograría asustarme.
6. Aunque (ir) . . . ., no me recibiría en su apartamento.
7. Por mucho que (leer) . . . ., seguirían aburriéndose.
8. Aunque (trabajar) de noche . . . ., mañana no terminarán el proyecto.
9. Aunque Mercedes (venir) . . . ., no habría llegado antes de las cinco.
10. Aunque (saber) . . . . nadar, se habría ahogado.

EJERCICIO III. Empleo del indicativo

1. Aunque (escribir) . . . . bien, no consigue premios.
2. Aunque (hacer) . . . . ejercicio, no consigue adelgazar.
3. Juan sube a pie a pesar de que no (respirar) . . . . bien.
4. Si bien (ganar) . . . . dinero, no supo gastarlo.
5. A pesar de que (beber) . . . . .demasiado, canta muy bien.
6. Aunque me (gustar) . . . . los toros, no voy a la plaza.
7. Aunque no (quererlo) . . . ., vendrás conmigo.
8. Aunque (escuchar) . . . . las noticias, no he comprendido nada.
9. Aunque (cortar) . . . . mucha leña, no tenemos aún suficiente.
10. A pesar de que (trabajar) . . . . y (estudiar) . . . ., aún le sobra tiempo.

ESQUEMA GRAMATICAL 4

EXPRESIÓN DE LA FINALIDAD: SUBJUNTIVO

Mediante las conjunciones: **Para que, a que.**
   y también: **Que, a fin de que, con el objeto de que, con el fin de que, con vistas a que, de manera que**

«Canto para que me escuchen».
«Sube a que te den la merienda».
«Lleva el seguro a fin de que no se dispare».
«Se porta bien con vistas a que le pongan de titular».

Va en infinitivo, precedido de **a, para, a fin de,** si llevan el mismo sujeto que la principal: «Subo a merendar.» «Estudia para aprender.».

EJERCICIO IV. Ponga el verbo en la forma conveniente.

1. Revelaré la película para que vosotros (verla) . . . .
2. Apaga la luz con el fin de que no (molestar) . . . .
3. El ladrón escapó para que la policía no le (alcanzar) . . . .
4. Te lo digo para que lo (saber) . . . .
5. Vinieron a casa a fin de que nosotros (ayudarles) . . . .
6. Los técnicos trabajarán con el objeto de que el oleoducto (estar listo) . . . . pronto.
7. El Estado construirá colegios para que todos los niños (escolarizarse) . . . .
8. Carlos lo preparó todo a fin de que la fiesta (ser) . . . . un éxito.
9. Construyeron un nuevo estadio para que los aficionados (poder) . . . . ver mejor los encuentros.
10. Estoy preparado para que tú (empezar) . . . . a contarme el cuento.

PALABRAS COMPUESTAS

1. Juan viaja en motocarro.

2. Es necesario el sacacorchos.

3. Pedro baila el pasodoble.

4. Se ha olvidado el abrelatas.

5. María olvidó el salvoconducto.

6. He olvidado poner el guardabarros.

7. Se ha roto el parabrisas.

8. Acércame el quitamanchas.

9. Pasa la bocacalle.

10. El guardagujas olvidó poner la barrera.

PALABRAS COMPUESTAS

1. Estuvimos visitando la casa-cuna.

2. Estamos visitando las casas-cuna.

3. El hombre-rana lo sacó del fondo.

4. Los hombres-rana lo sacaron del fondo.

5 Puedes dormir en el mueble-cama.

6. Podéis dormir en los muebles-cama.

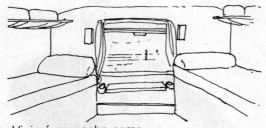

7. Viajaré en coche-cama.

8. Viajaremos en coches-cama.

9. Iremos a un café-teatro.

10. Nos divertiremos en los cafés-teatro.

ESQUEMA GRAMATICAL 5

FORMACIÓN DE LAS PALABRAS: LA COMPOSICIÓN

1. **Por fusión:** Sustantivo + sustantivo: «coliflor», «bocacalle», «compraventa».
   Nombre + adjetivo: «pelirrojo», «boquiabierto».
   Adjetivo + nombre: «salvoconducto», «mediodía».
   Verbo + nombre: «abrelatas», «parabrisas».

2. **Por unión:** Sustantivo + sustantivo: «coche-cama», «hombre-rana».
   Estos sustantivos se escriben con guión o separados y la variación de número suele afectar sólo al primero: «mueble cama» - «muebles cama».

EJERCICIO V. Utilice la palabra compuesta

1. Hoy en día están de moda los . . . . (café, teatro).
2. Por favor, resérveme dos billetes en . . . . (coche, cama) para el tren Madrid-Málaga.
3. ¿Quién es aquel . . . . (pelo, rojo) que está hablando con tu hermano?
4. Ud. tiene que torcer en la primera . . . . (boca, calle) a la derecha.
5. ¿Dónde has puesto el . . . . (sacar, corchos)?
6. Los domingos hago crucigramas como . . . . (pasar, tiempo).
7. El accidente ocurrió por un fallo en el . . . . (parar, caídas).
8. Necesitamos un . . . . (salvo, conducto) para atravesar la frontera.
9. Él resolvió el problema en un . . . . (santo, amén).
10. La cocina va provista de lavadora y de . . . . (fregar, platos).

EJERCICIO VI. Utilice el sufijo más apropiado

1. Él se levanta muy temprano. Es muy . . . . (madrugar).
2. La carretera estaba muy . . . . (resbalar) porque había llovido.
3. Es muy . . . . (desear) que el asunto se resuelva enseguida.
4. No sé qué edad tendrá Luis, pero creo que ya es un . . . . (cincuenta).
5. Este descubrimiento será muy importante para las generaciones . . . . (venir).
6. No hemos desayunado nada y estamos . . . . (hambre).
7. La artesanía . . . . (Marruecos) es de gran calidad.
8. La excursión a los Picos de Europa es muy . . . . (apetecer).
9. Julia es una niña muy . . . . (enferma).
10. Él es una persona muy . . . . (competición) en esta materia.

ESQUEMA GRAMATICAL 6

SUFIJACIÓN: ADJETIVOS

«Relativo a»:

-Al, -Ar: ministro ... ministerial.

-An(o), -Ian(o): América ... americano.

-Ari(o): legión ... legionario.

-Ativ(o), -Itiv(o): competición ... competitivo.

-Atori(o), -Etori(o), -Itori(o): compensación ... compensatorio.

-Ense: Londres ... londinense.

-Eñ(o): Madrid ... madrileño.

-Er(o): leche ... lechero.

-Es: Milán ... milanés.

-Í: Marruecos ... marroquí.

«Que posee una cosa o tiene semejanza con ella».

-Ad(o): azul ... azulado.

-Ient(o): hambre ... hambriento.

-Iz(o): enfermo ... enfermizo.

-Ón: cincuenta ... cincuentón.

-Ud(o): barriga ... barrigudo.

«Que hace la acción»:

-Adiz(o), -Ediz(o): resbalar ... resbaladizo.

-Ador, -Edor, -Idor: madrugar ... madrugador.

-Ante, -Ente, -Iente: estudiar ... estudiante.

-Ón: llorar ... llorón.

«Que puede sufrir la acción»:

-Able, -Ible: desear ... deseable.

-Ader(o), -Eder(o), -Ider(o): venir ... venidero.

EJERCICIO VII. Ponga el sufijo que corresponda y construya frases

Familia	Falda
Roma	Cuarenta
Inglaterra	Mover
Perú	Pertenecer
Israel	Imponer
Málaga	Pasar
Rojo	Depender
Naranja	Boxear
Luchar	Amar

ORTOGRAFÍA

USO DE J

Se escriben con J:

1. Las palabras acabadas en **-aje, -eje, -jería, -jero, -jera, -jear.**
   cerrajería, brujería, cajero, granjero, pasajero, vinajera, traje, viaje, hereje, personaje, garaje, callejear, hojear, cojear, lisonjear.

2. Todos los vocablos derivados de voces que se escriben con **j.**

rojo.	rojear, rojizo.
caja.	cajista, cajita
cojo	cojear, cojito
hereje	herejía

3. Las personas del verbo en que por irregularidad entran los sonidos **je, ji,** sin que en los infinitivos haya **g** ni **j:**

decir	dije
conducir	conduje
traer	traje
aducir	aduje

EJERCICIO VIII. Ponga la grafía correcta

1. El gran. . .ero se quedó sin ganado.
2. El here. . .e predicaba la bru. . .ería.
3. Aló. . .ate en el hotel "Princesa".
4. ¿Di. . .o él la verdad?
5. Lo que dices es una here. . .ía.
6. Ha flo. . .eado en los estudios últimamente.
7. Puso el colgante en una ca. . .ita.
8. El autobús iba completo de via. . .eros.
9. Llevaba a su hi. . .ito en brazos.
10. De. . .a el coche en el gara. . .e.

EJERCICIO DE ENTONACIÓN

Cuando llegué, le encontré tumbado, acariciando la cabeza del perro.

—¿Crees que has hecho una gran cosa con venir?

—No..., pero tú querías que viniera.

Román se incorporó mirándome con una expresión de curiosidad en sus ojos brillantes.

—Quisiera saber hasta qué punto puedo contar contigo; hasta qué punto puedes llegar a quererme... ¿Tú me quieres, Andrea?

—Sí, es natural... —dije cohibida—, no sé hasta qué punto las sobrinas corrientes quieren a sus tíos...

Román se echó a reír.

—¿Las sobrinas corrientes? ¿Es que tú te consideras sobrina extraordinaria...? ¡Vamos, Andrea! ¡Mírame!... ¡Tonta! A las sobrinas de todas clases les suelen tener sin cuidado los tíos...

—Sí, a veces pienso que es mejor la amistad que la familia. Puede uno, en ocasiones, unirse más a un extraño a su sangre...

(Carmen Laforet, «Nada»,
Ed. Destino, pág. 88.)

Pedro: ¡Hola, Juan! ¿Cuándo te marchas?

Juan: Mañana a las seis de la mañana sale el tren. En este momento, me iba a la estación a reservar el billete; no me gusta dejarlo para el final.

Pedro: No creo que encuentres dificultades con el billete. No estamos en temporada alta y, por otra parte, para las líneas de fuera no suele haber problemas. ¿Cuándo regresarás?

Juan: No lo tengo decidido —aún no me he ido y ya quieres que sepa cuándo vuelvo—. No, depende de cómo me encuentre. Espero poder estar allí un año. Es lo mínimo para perfeccionar un poco la lengua.

Pedro: Tú ya sabes bastante francés, por lo que no creo que encuentres dificultades para ambientarte pronto.

Juan: En ese sentido no creo que tenga dificultades. Pero siempre, al estar fuera de tu ambiente familiar y cultural, surgen pequeños problemas que, en otro caso, no tendrías.

Pedro: En todo caso, conoces a mucha gente en París y esto siempre ayuda. Por otra parte, no te marchas al fin del mundo. ¿Te has despedido ya de los amigos?

Juan: He llamado a casi todos para decirles adiós. Sin embargo, no he logrado hablar con María ni con Carlos. Si no puedo hablar con ellos, me despides y les das un fuerte abrazo.

Pedro: ¡Por supuesto! ¿Te ayudo en algo?

Juan: No es necesario. Me llevo lo imprescindible: ropa y unos cuantos libros. Espero no necesitar nada más.

Pedro: Pues hasta la vuelta y que te lo pases muy bien.

Juan: Gracias. Ya os escribiré contando mis primeras impresiones. De todas formas un año se
pasa enseguida.

Pedro: Adiós, ¡qué tengas buen viaje!

Juan: Adiós.

Preguntas:

1. ¿A qué hora sale el tren?
2. ¿Dónde va Juan?
3. ¿Tiene ya el billete?
4. ¿Cuánto tiempo va a estar fuera?
5. ¿A qué va?

6. ¿Dónde va a instalarse?
7. ¿Lleva mucho equipaje?
8. ¿Se ha despedido de todos los amigos?
9. ¿Tendrá Juan problemas?
10. ¿Ha vivido Ud. en algún país extranjero? Háble-
    nos de sus experiencias.

ESQUEMA GRAMATICAL 1

EXPRESIÓN DE LA COMPARACIÓN

Pueden establecerse relaciones de **igualdad,** de **superioridad** y de **inferioridad.**

- **Igualdad**

  tal ... cual (como)   tan ... como
  tanto ... como   igual que
  cuanto ... tanto   como si

  «Gasta tanto dinero como gana».
  «Cantan como si fueran profesionales».

- **Superioridad**

  más ... que   más grande → mayor
  «Juán es más alto que Pedro».   más pequeño → menor
                               más bueno → mejor
                               más malo → peor

  «Tu coche es (más bueno) mejor que el mío».

- **Inferioridad**

  menos ... que
  «Tu reloj es menos caro que el mío».

Nota: Cuando el verbo de la principal y el de la subordinada es el mismo, se omite el de la subordinada.

  «Pedro ha estudiado más que Juan (ha estudiado)».

EJERCICIO I. Exprese la comparación

1. Tú hablas español . . . . yo.
2. Ella se comportó . . . . una niña pequeña.
3. Él hace . . . . no nos conociera.
4. España importa . . . . exporta.
5. La película es . . . . buena . . . . nos la imaginábamos.
6. . . . . le atacaban . . . . se defendía.
7. Ellos gastan . . . . lo que ganan.
8. La conferencia no fue . . . . interesante . . . . yo esperaba.
9. . . . . mayores nos hacemos . . . . cómodos nos volvemos.
10. Ella hizo todo . . . . se lo habíamos dicho.

PALABRAS CON DISTINTO SIGNIFICADO

1. El cólera (enfermedad) le produjo la muerte.

2. La cólera (ira) le empujó al suicidio.

2. El orden (lista) se siguió en todos sus puntos.

4. La orden (consigna) fue cumplida.

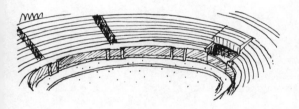

5. El ruedo estaba limpio.

6. La rueda estaba desinflada.

7. El cuadro estaba roto.

8. ¿La cuadra estaba llena de animales?

9. Le entregó el ramo de flores.

10. La rama se desgajó del árbol.

115

EJERCICIO II. Forme la comparación

El discurso fue tal/*se esperaba*.   — *El discurso fue tal como se esperaba.*

1. Compró tantos tomates/*pudo.*   — ....
2. Está la tarde fría/*ser invierno.*   — ....
3. Mi casa/*la tuya (mejor).*   — ....
4. Antonio resiste en el agua/*su hermano (menos).*   — ....
5. Los chinos son numerosos/*argelinos (más).*   — ....
6. El sol es mucho/*la tierra (más grande).*   — ....
7. El lobo/*el perro (más malo).*   — ....
8. Los niños juegan/*los mayores (más).*   — ....
9. Es vanidoso/*un pavo real (tal como).*   — ....
10. No se saludan/*no se conocieran (como si).*   — ....

EJERCICIO III. Ponga el artículo correcto

1. Ella tiene muchas arrugas en .... frente.
2. Muchos soldados murieron en .... frente.
3. Este asunto no está en .... orden del día.
4. Madrid es .... capital de España.
5. Algunos trabajadores no cumplieron .... orden del director.
6. Esta empresa tiene .... capital de más de 500 millones de pesetas.
7. Le preguntamos a .... policía de tráfico la dirección del hotel.
8. .... cólera hizo que matara a su esposa.
9. .... policía española ha obtenido un gran éxito en su lucha contra el tráfico de drogas.
10. .... cólera es una enfermedad epidémica.

EJERCICIO IV. Halle la diferencia de significado y construya frases

tallo/talla   granado/granada
velo/vela   ciruelo/ciruela
suelo/suela   castaño/castaña
libro/libra   manzano/manzana
brazo/braza   almendro/almendra

PALABRAS CON DISTINTO SIGNIFICADO

1. El naranjo es un árbol.

2. La naranja es un fruto.

3. El pendiente es original.

4. La pendiente es profunda.

5. Juan tiene un gran capital.

6. La capital de España es Madrid.

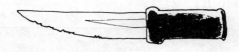

7. El cuchillo no está afilado.

8. Me afeito con cuchilla.

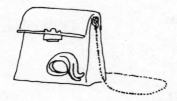

9. El bolso de María es de cuero.

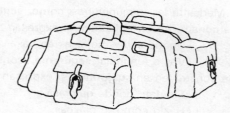

10. La bolsa de Juan es grande.

ESQUEMA GRAMATICAL 2

EXPRESIÓN DEL TIEMPO

Mediante las conjunciones y locuciones conjuntivas: **Cuando, apenas, antes que, tan pronto como, en cuanto, mientras tanto, mientras que, mientras, antes de, siempre que, después de, entre tanto, a medida que, hasta que.**

- **Al + infinitivo**: «Al llegar a casa, me encontré que me habían robado»
- Se construyen en **indicativo si expresan tiempo presente o pasado**: «*Cuando* la miro, me sonríe.»
- Se construyen en **subjuntivo si expresan tiempo futuro**: «*Devuélveme* el libro cuando lo leas.»
- Cuando el sujeto es el mismo, puede el verbo subordinado construirse en **infinitivo**: «Daremos un paseo después de cenar.»

EJERCICIO V. Ponga el verbo en la forma correcta

1. Cuando (terminar) . . . . , todos le felicitaron.
2. Tan pronto como ellos (llegar) . . . ., empezará el festival.
3. Antes de que él (decirlo) . . . ., lo intuí.
4. Pasarán dos horas hasta que (arreglarse) . . . . la situación.
5. Al hablar (cometer) . . . . muchas incorrecciones.
6. Siempre que (escribir) . . . ., da recuerdos para ti.
7. Hubo abundancia después de que (subir) . . . . los precios.
8. Me voy antes de que (venir) . . . . Antonio.
9. A medida que (crecer) . . . ., pinta mejor.
10. Antes de (comenzar) . . . .,deseo informaros.

ESQUEMA GRAMATICAL 3

EXPRESIÓN DEL LUGAR Y DEL MODO

Lugar: Mediante el adverbio relativo **donde,** precedido o no de preposiciones.
Modo: Mediante las conjunciones: **como, según, según que.**
- Se construyen en **indicativo** si expresan tiempo presente o pasado:
    «Donde estoy mejor es en casa».
    «Voy a renunciar según me aconsejas».
- Se construyen en **subjuntivo** si expresan tiempo futuro:
    «Siéntate donde quieras».
    «Hazlo como te plazca».

EJERCICIO VI. Ponga el verbo en la forma correcta

1. Subí al coche como (poder) . . . .
2. Encendí la vela según (ordenar) . . . . (tú).
3. He ido a la finca por donde (indicarme) . . . . (ellos).
4. Voy a renunciar según (aconsejarme) . . . . (ella).
5. Contesté como tú (decirme) . . . .
6. He montado el tocadiscos según (indicar) . . . . las instrucciones.
7. ¿Habéis estado donde (ocurrir) . . . . el suceso?
8. Ocúltate en donde no (verte) . . . . (ella).
9. Prepara las alubias como (guisarlas) . . . . mi abuela.
10. Hice el examen como (poder) . . . .

ESQUEMA GRAMATICAL 4

SUFIJACIÓN: ADJETIVOS Y NOMBRES

DIMINUTIVOS:

-**it**(o), -**cit**(o), -**ecit**(o), -**cecit**(o): casa ⟶ casita, pez ⟶ pececito.

-**ill**(o), -**cill**(o), -**ecill**(o), -**cecill**(o): pan ⟶ panecillo.

-**ic**(o), -**cic**(o), -**ecic**(o), -**cecic**(o): corazón ⟶ corazoncico.

-**uel**(o), -**zuel**(o), -**ezuel**(o), -**cezuel**(o): pez ⟶ pecezuelo.

-**ín**, -**cín**, -**ecín**, -**cecín**: pequeño ⟶ pequeñín.

-**ete**: viejo ⟶ vejete.

-**at**(o): niño ⟶ niñato.

-**ezno**: lobo ⟶ lobezno.

-**ac**(o), -**aj**(o): pequeño ⟶ pequeñajo.

-**ej**(o): palabra ⟶ palabreja.

-**uc**(o), -**uj**(o), -**us**(o), -**uch**(o), -**usc**(o), -**uzc**(o): mujer ⟶ mujeruca.

-**orro**, -**orrio**: boda ⟶ bodorrio.

AUMENTATIVOS:

-**ón**: hombre ⟶ hombrón.

-**az**(o): animal ⟶ animalazo.

-**ote**: amigo ⟶ amigote.

ADJETIVOS Y ADVERBIOS:

-**ísim**(o): grande ⟶ grandísimo.

ATENCION

Lámpara . . . . Lamparilla	Libro . . . . Libreta
Mesa . . . . Mesilla	Camisa . . . . Camiseta . . . . Camisón
Silla . . . . Sillón	Cama . . . . Camilla
Torno. . . . . Tornillo	Caja . . . . Cajón

EJERCICIO VII. Forme el diminutivo/el aumentativo

1. Tus gafas están en la . . . . (mesa) de noche.
2. Este . . . . (silla) es muy cómodo.
3. Por favor, tráigame una . . . . (cuchara) para mover el café.
4. He desayunado un . . . . (pan) con mantequilla y mermelada.
5. ¡No seas tan . . . . (comer)!
6. Ud. tiene que entregar el impreso en la . . . . (ventana) 3.
7. En el estanque hay muchos . . . . (peces) de colores.
8. Los documentos están en el . . . . (caja) de la izquierda.
9. ¿Has visto mi . . . . (máquina) de afeitar?
10. Los enfermeros pusieron al herido en la . . . . (cama).

EJERCICIO VIII. Coloque diversos sufijos y forme frases

cruz	máquina
niño	mujer
reloj	cristal
grande	balón
bombón	cucaracha
montaña	mosca
isla	pluma
corazón	lápiz

INTERJECCIONES

¡Ah!, ¡eh!, ¡oh!, ¡hala!, ¡bah!, ¡hola!, ¡huy!

EJERCICIO DE PUNTUACIÓN

Aunque la madre pensó que era un mal asunto se puso histérica gritó tomó un gran tazón de tila y al día siguiente tenía jaqueca la abuela y la nieta sintieron cada una a su manera que ahora sí que ahora era ya del todo suyo la vieja sabía que una pequeña indignidad vuelve al hombre más humilde de lo que en rigor le ha podido debilitar sabía por antiguas experiencias que nada hay que más se agradezca que el pequeño halago en la desgracia.

(Luis Martín-Santos, «Tiempo de Silencio», Ed. Seix Barral, pág. 180.)

USO DE H

Se escriben con H:

1. Las formas verbales de **hacer, habitar, hablar, hallar, he, hubiera, habría, hábito, habité, hablo, hallo, hallaré...**

2. Las palabras que empiezan por los sonidos **idr, iper, ipo,** más las raíces griegas **hidrógeno,** **hipótesis, hipódromo, hipérbole, hipérbaton, hectómetro, heptagonal, hexagonal, hemisferio, hemiplejía.**

3. Delante de toda palabra que empiece por el diptongo **ue.**
   huelga, hueso, huevo, hueco, huérfano.

EJERCICIO IX. Ponga la grafía correcta

1. . . .e . . .ablado mucho esta mañana.
2. . . .e . . .abitado durante mucho tiempo en una chabola.
3. El . . .idrógeno es importante para la combustión.
4. La tía murió de . . .emiplejía.
5. El . . .uérfano murió de . . .uelga de hambre.
6. Las construcciones . . .exagonales me han gustado siempre.
7. Los clásicos usaron como medida el . . .exámetro.
8. Los pueblos son aficionados a la . . .ipérbole.
9. La policía encontró las ...uellas del ladrón.
10. Los niños juegan en la . . .ierba.

LECCIÓN 12
ESPAÑA Y SU SITUACIÓN EN EL MUNDO

El reino de España —505.000 km^2 y unos 39 millones de habitantes— ocupa la parte más occidental, juntamente con Portugal, del Viejo Continente.

La Ibérica es una de las tres grandes penínsulas avanzadas de Europa, mar Mediterráneo adentro. A decir verdad, es la única que no se contenta con ser mediterránea, puesto que se proyecta también en el Atlántico; más aún, es la tierra del continente europeo que más al oeste se proyecta.

Además del territorio peninsular forman parte del Estado español las ciudades de Ceuta y Melilla en el Norte de África, las islas Baleares en el Mediterráneo y las islas Canarias en el Atlántico frente a las costas del Sáhara. Dentro de la Península, al Sur se halla el enclave de Gibraltar bajo la soberanía británica.

Por su situación geográfica pertenece, según la terminología al uso, al bloque occidental; aunque se siga poniendo en tela de juicio el acceso a determinados organismos que, claramente, se insertan en las concepciones económicas y políticas del mundo occidental. España, desde 1986, pertenece al Mercado Común Europeo, organización eminentemente económica.

Recientemente ha accedido a la OTAN, organización política y militar; desde hace ya largos años está presente en el foro internacional de la ONU. Pero, por encima de vaivenes políticos, y desde una perspectiva mucho más profunda y menos accidental, es la cultura el signo inequívoco de su alineamiento en el mundo occidental.

España, no cabe duda, es en la actualidad una

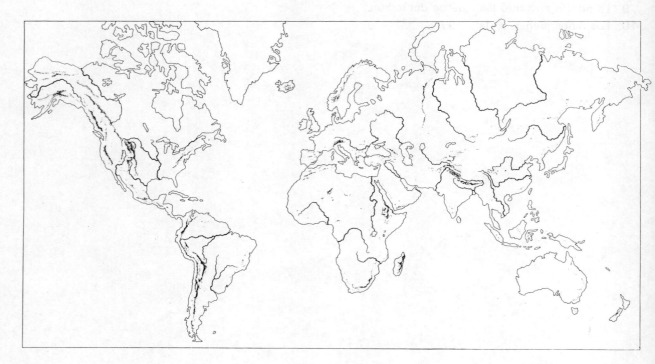

potencia de orden secundario, con una industria pujante y una agricultura —su gran potencial— no excesivamente mecanizada y poco racionalizada.

Artículo 1.

1. España se constituye en un Estado social y democrático de Derecho, que propugna como valores superiores de su ordenamiento jurídico la libertad, la justicia, la igualdad y el pluralismo político.

2. La soberanía nacional reside en el pueblo español, del que emanan los poderes del Estado.

3. La forma política del Estado español es la Monarquía Parlamentaria.

Preguntas:

1. ¿Cuál es la extensión de España? ¿Cuál es la extensión de su país?

2. ¿Cuántos habitantes tiene España? ¿Y su país?

3. ¿Cuáles son los límites de España? ¿Dónde está su país?

4. ¿En qué organismos figura España?

5. ¿Es España una gran potencia?

ESQUEMA GRAMATICAL 1

LA CONCORDANCIA

SUJETO — VERBO

- Cuando el verbo se refiere a un solo sujeto, concuerda con él en número y persona.

  «Andrés come pan.»

- Cuando el verbo se refiere a varios sujetos, debe ir en plural.

  «Pedro y Antonio comen carne.»

- Si los sujetos representan distintas personas, se prefiere para la concordancia la primera a la segunda y ésta a la tercera.

  «Pedro, tú y yo iremos al cine.»
  «Pedro y tú iréis a la playa.»

SUSTANTIVO-ADJETIVO

- Cuando el adjetivo se refiere a un solo sustantivo, concierta con él en número y género.

  «Ud. tiene una casa muy acogedora.»

- Cuando el adjetivo se refiere a varios sustantivos, va en plural. Si los sustantivos son de diferente género, predomina para la concordancia el masculino.

  «Tanto tu padre como tu madre son muy simpáticos.»

EJERCICIO I. Hágase la concordancia

1. Juan, tú y Pedro, ¿dónde (querer) . . . . ir?
2. Tú y yo (ir) . . . . a la fiesta, ¿no?
3. La máquina y la pluma (escribir) . . . . en negro.
4. Sus primos y primas (ser) . . . . antipáticos.
5. Pedro y Juan (encontrar) . . . . una pareja que les (indicar) . . . . el camino.
6. (le) . . . . daré una mala noticia a ustedes.
7. El cura y la superiora (estar) . . . . (contento) . . . . porque (le) . . . . ha tocado la lotería.
8. La mayor parte de las personas (desear) . . . . la paz.
9. El perro y la perra (ser) . . . . (negro) . . . .
10. La puerta y la pared estaban (manchado) . . . .

124

ESQUEMA GRAMATICAL 2

LA CONCORDANCIA

El/Un
Algún/Ningún
{ + nombres femeninos en singular que empiecen por **á** tónica.

«El arma, ningún hacha.»

Cuando entre el determinante y el sustantivo se interpone un adjetivo, se utiliza el artículo femenino
la/una/alguna/ninguna.

«La temible arma; alguna pesada hacha.»

Esta
Esa
Aquella
{ + nombres femeninos en singular que empiecen por **á** tónica.

«Esta agua, esa aula...»

EJERCICIO II. Coloque la forma correcta del determinante

1. . . . . alta torre se derrumba.
2. Se baña en . . . . fresca agua del río.
3. No hay . . . . hacha por aquí.
4. Por aquí no hay . . . . aula libre.
5. El pavo real es . . . . ave majestuosa.
6. . . . . águila impone en las alturas.
7. . . . . abejas son obreras.
8. Disparó con . . . . arma vieja.
9. . . . . dura asa de la cesta se ha roto.
10. Lo habrá escondido en . . . . arca.

ESQUEMA GRAMATICAL 3

PLURAL DE LOS NOMBRES

Los nombres acabados en consonante, excepto los graves y esdrújulos acabados en **-s,** forman el plural añadiendo **-es:**

canción-canciones; carácter-caracteres.

Las palabras extranjeras acabadas en consonante, que no sea
l, n, r, s, d, z, forman el plural:

a) permaneciendo invariable: los soviet.
b) añadiendo **-s:** cabarets.
c) añadiendo **-es:** clubes.

d) españolizando el préstamo:

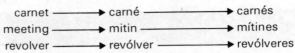

carnet →	carné →	carnés
meeting →	mitin →	mítines
revolver →	revólver →	revólveres

EJERCICIO III. Forme el plural de las siguientes palabras y construya frases

Déficit	Corner
Superávit	Test
Club	Lunch
Lord	Bunker
Eslogan	Round
Filme	Flirt
Eslalon	Sandwich
Recordman	Snob

ESQUEMA GRAMATICAL 4

PREFIJACIÓN SUPERLATIVA: DENOTAN INTENSIDAD

Super:	caro	**Excepcionalmente:**	barato
Extra:	guapa	**Absurdamente:**	lesionado
Archi:	caro	**Rigurosamente:**	cierto
Requete:	guapa	**Atrozmente:**	maligno
Terriblemente:	dramático	**Muy:**	listo

SUFIJACIÓN

-ísimo: listísimo

EJERCICIO IV. Forme el superlativo. Emplee diversos recursos

1. Los relojes son *exactos*.
2. Es un humorista *ingenioso*.
3. Tiene un problema *difícil*.
4. Ha comprado un coche *rápido*.
5. Era un hombre *cruel*.

6. Fue una persona *silenciosa*.
7. Era de una familia *pobre*.
8. Nos recibió con un abrazo *cordial*.
9. Compra sellos en un lugar *barato*.
10. Colecciona objetos *diversos*.

EJERCICIO V. Fórmese el adjetivo correspondiente

Que no es exacto.   — *Que es inexacto.*

1. Que carece de armonía.   — ....
2. Que no admite duda.   — ....
3. Que no se puede recuperar.   — ....
4. Que carece de habilidad.   — ....
5. Que carece de prudencia.   — ....
6. Que no está concluido.   — ....
7. Que no es oportuno.   — ....
8. Que no es perfecto.   — ....
9. Que carece de coherencia.   — ....
10. Que no es asequible.   — ....

EXPRESIONES

Despedirse a la francesa.
Llover a cántaros.
Reír a carcajadas.
Andar a gatas.
Mandar a paseo.
Saber a la perfección.
Vérsele a uno el plumero.
A Dios rogando y con el mazo dando.
A otro perro con ese hueso.
Comer a dos carrillos.
Comer a cuerpo de rey.

A partir un piñón.
A perro flaco, todo son pulgas.
Vivir a cuenta de alguien.
Zapatero a tus zapatos.
Pelillos a la mar.
Andar a la pesca de algo.
A río revuelto, ganancia de pescadores.
Al pie de la letra.
Torear al alimón.
A ojo de buen cubero.

EJERCICIO VI. Utilice la expresión más apropiada

1. Él se marchó sin decirnos adiós, ...
2. Hoy no podemos ir de excursión porque ....
3. Ellos se llevan muy bien, ahora están ....
4. Tenemos que cumplir la orden ....
5. Él está tan gordo porque ....
6. El chiste fue tan divertido que todos se ....
7. No te metas en este asunto, ...
8. Luis es un vago, ... de su mujer.
9. Estaba tan harta de él que lo ....
10. No disimules porque se te ....

127

EJERCICIO DE ACENTUACIÓN

Los relatos de amor, Ariadna, deberian contarlos solo las mujeres, porque en su corazon esta siempre la clave, y en el nuestro la pasion que no entiende e imagina. ¡Lo que tu podrias escribir, leido este cuaderno, y como quedaria en claro lo que ahora no lo es!

Añadirias nada mas que un par de paginas escuetas, pero explicitas, de las que se podria inferir que la unica razon de que no me hayas amado es que no me has amado, eso tan simple que yo complico con las galaxias remotas y con el desconocible secreto de la vida. El mundo recupera el orden alterado cuando el amor del varon halla correspondencia; ante el no, el mundo se desconcierta, todo queda fuera de lugar, y una incomprension general acompaña al sentimiento decepcionado.

(Gonzalo Torrente Ballester, «La isla de los jacintos cortados», Ed. Destino, pág. 288.)

EVOLUCIÓN DE LA POBLACIÓN

Los 39 millones de habitantes con que cuenta España en la actualidad son la culminación de un largo proceso demográfico sembrado de obstáculos y dificultades. A grandes rasgos puede decirse que la población española osciló entre 6 y 8 millones de habitantes hasta el siglo XVII. El despegue demográfico es, pues, relativamente moderno y por ello aún más espectacular. El crecimiento demográfico español, que tiene su punto de partida en el siglo XVIII, ha culminado a lo largo del siglo XX, durante el cual, y hasta 1970, ha registrado un incremento del 82 por 100. La población relativa (70 habitantes/km^2) es ligeramente superior a la densidad media de Europa (63), pero queda muy por debajo de los países europeos industrializados e incluso es inferior a la de otros países mediterráneos.

Respecto a la distribución se aprecia un claro desfase, entre la periferia y el interior, a favor de la primera, contrastada sólo por la acción polarizadora de la ciudad de Madrid que se ha convertido, desde mediados del siglo XIX, en gran foco de atracción para los pobladores de la Meseta y aun de la periferia española.

(J. Vilá Valentí, «España», Ed. Danae, pág. 121.)

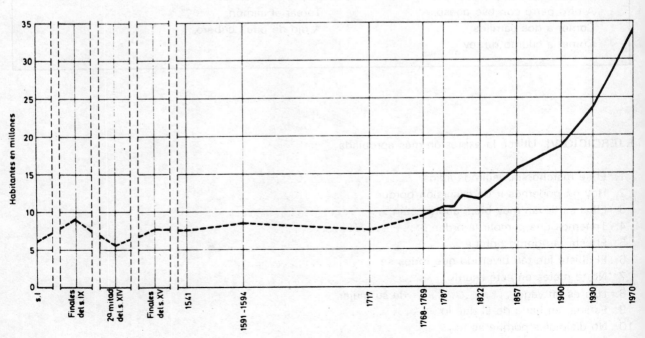

128

LECCIÓN 13
LA LENGUA ESPAÑOLA: SU DIFUSIÓN

Varias son las lenguas que se hablan en España: el castellano, el catalán, el gallego y el vascuence. Las tres primeras son de origen neolatino o romances, la cuarta, más antigua que las otras tres, no es de origen indoeuropeo y sigue constituyendo su procedencia un enigma pese a que se defiende la hipótesis de lengua caucásica.

El castellano por circunstancias históricas, la Reconquista y posteriormente el Descubrimiento de América, fue ensanchando sus dominios hasta convertirse en la lengua oficial de una comunidad mucho más amplia que la castellana de origen: la comunidad hispánica. A su estado actual han contribuido, pues, tanto los españoles como los hispanoamericanos.

El español, en la actualidad, es idioma de comunicación de unos trescientos millones de habitantes.

Se habla, además de en España, en Méjico, Guatemala, Honduras, Nicaragua, El Salvador, Costa Rica, Panamá, Venezuela, Colombia, Ecuador, Perú, Bolivia, Chile, Argentina, Paraguay, Uruguay, Cuba y República Dominicana.

En amplias zonas de Estados Unidos (California, Arizona, Nuevo Méjico, Tejas, Nueva York, Florida); en Puerto Rico comparte su situación de lengua oficial con el inglés, y en Filipinas con el inglés y el tagalo.

Los judíos sefarditas, comunidades de los antiguos judíos expulsados de España en tiempos de los Reyes Católicos, que viven en Rumania, Bulgaria, Turquía, Grecia y, sobre todo, en Israel aún la conservan.

Subsiste la lengua española en las ciudades del antiguo protectorado español de Marruecos (Tetuán, Larache, Tánger) y en Guinea Ecuatorial.

Desde la perspectiva española, se justifica plenamente la denominación de español o lengua española para el castellano con el fin de designar la lengua oficial de la nación. El paralelismo con francés, alemán, italiano, etc. (pese a existir en estos países otras variedades de francés, italiano, alemán...) dan validez al término español o lengua española.

La posibilidad de poder utilizar cualquiera de los términos para su designación no implica la exclusión de uno de los términos.

España	. . . .	Español
Méjico	. . . .	Español
Guatemala	. . . .	Español
Honduras	. . . .	Español
Nicaragua	. . . .	Español
El Salvador	. . . .	Español
Costa Rica	. . . .	Español
Panamá	. . . .	Español
Venezuela	. . . .	Español
Colombia	. . . .	Español
Ecuador	. . . .	Español
Perú	. . . .	Español
Bolivia	. . . .	Español
Chile	. . . .	Español
Argentina	. . . .	Español
Paraguay	. . . .	Español
Uruguay	. . . .	Español
Cuba	. . . .	Español
Rep. Dominicana	. . . .	Español
Tejas	. . . .	Inglés/español
Nueva York	. . . .	Inglés/español
Florida	. . . .	Inglés/español
Arizona	. . . .	Inglés/español
Nuevo Méjico	. . . .	Inglés/español
Filipinas	. . . .	Ing./esp./tagalo
Guinea Ecuatorial	. . . .	Español

Artículo 3

1. El castellano es la lengua oficial del Estado. Todos los españoles tienen el deber de conocerla y el derecho a usarla.
2. Las demás lenguas españolas serán también oficiales en las respectivas Comunidades Autónomas de acuerdo con sus Estatutos.
3. La riqueza de las distintas modalidades lingüísticas de España es un patrimonio cultural que será objeto de especial respeto y protección.

Preguntas:

1. ¿Cuántas lenguas se hablan en España? ¿Y en su país?
2. El vasco ¿tiene el mismo origen que las restantes?
3. ¿Cuál es la lengua oficial de España?
4. ¿Dónde se habla?
5. ¿Qué dice la Constitución?

ESQUEMA GRAMATICAL 1

USOS Y VALORES DE POR

- **Lugar de paso:** «Entró por la terraza».
- **Medio de realización de algo:** «Llámame por teléfono».
- **Cambio e intercambio:** «Cambió un Velázquez por un Murillo».
- **Motivo, causa:** «¿Por quién trabajas?».
- **Duración en el tiempo:** «Por la mañana trabajo mejor».
- **Por + infinitivo = causa:** «El guardia me ha multado por atravesar la línea continua».
- **Indica la persona agente en la oración pasiva:** «La lección fue explicada por el maestro».
- **Estar + por + infinitivo:**

  «El tren está por salir».

  «Estoy por ir a verle».
- **Por lo + adjetivo o participio = causa:** «Me gusta estar con él por lo simpático que es».

EJERCICIO I. Ponga la preposición adecuada

1. . . . . lo general estudia demasiado.
2. En la audiencia dieron . . . . acabado el caso.
3. Antonio aprobó . . . . recomendación.
4. La retransmisión fue anunciada . . . . televisión.
5. Después de las vacaciones pasaron . . . . Ávila.
6. Los niños han sido educados . . . . el padre.
7. . . . . la tarde suelen dar un paseo.
8. Haremos un viaje . . . . Semana Santa.
9. Le detuvieron . . . . error.
10. Le pregunté . . . . el resultado del examen.

ESQUEMA GRAMATICAL 2

USOS Y VALORES DE PARA

- **Expresa finalidad, destino, término del movimiento:**
  «Voy para la Universidad».
  «¿Vienes para Madrid?».
- **Persona a la que va destinado algo:** «Es una película para niños».
- **Término de una fecha:** «Iremos a casa para Navidad».
- **Situaciones adecuadas o inadecuadas:** «Este lugar es muy apropiado para descansar».
- **Antes de infinitivo = Realización inmediata del hecho:**
  «El tren de la vía 5 está para salir (va a salir pronto)».
- **Expresa actitud:** «Es siempre amable para con nosotros».
- **Como para + infinitivo es una expresión modal bastante empleada familiarmente:**
  «Esta carne está como para comérsela».

EJERCICIO II. Ponga la preposición adecuada

1. . . . . tu tranquilidad, el autobús sale con retraso.
2. ¿No has comprado carne . . . . la comida?
3. No dejes . . . . mañana lo que puedas hacer hoy.
4. Prepara oposiciones . . . . televisión.
5. Llevé un paquete . . . . que la niña juegue.
6. Me he comprado unos patines . . . . patinar.
7. Este regalo es . . . . ti.
8. He hecho la compra . . . . toda la semana.
9. Los atletas se han preparado . . . . la competición.
10. Estudio . . . . aprobar.

ESQUEMA GRAMATICAL 3

> **VALORES Y USOS DE** PORQUÉ, PORQUE, POR QUÉ, POR QUE
>
> **Porqué** es sustantivo, y va siempre precedido de artículos o de cualquier otro determinante.
>
> > «No confesó el **porqué** de su decisión».
> > «Yo entiendo tu **porqué**, pero no todos lo comprenderán».
>
> **Porque** es conjunción causal.
>
> > «No iré **porque** no quiero».
>
> **Por qué** sirve para preguntar; equivale a «**por qué razón**».
> > «¿**Por qué** estudias tanto?».
>
> **Por que** preposición **por + que** (el cual, la cual, el que, la que...).
>
> > «Fueron muchos los delitos **por que** fue condenado».

EJERCICIO III. Ponga la expresión adecuada

1. ¿No te has comido la sopa . . . . no te gusta?
2. Hoy explicará el presidente . . . . ha dimitido.
3. Esa es la carretera . . . . circulan más coches.
4. ¿Se averiguará alguna vez . . . . de ese trágico suceso?
5. También ella tiene sus . . . . para sentirse enfadada.
6. No sé . . . . has de mentir tanto.
7. Ya han tapado el boquete . . . . se escaparon los toros.
8. ¡Apasionarse así . . . . su equipo perdió el partido!
9. . . . . has comido mucho, tienes pesadez de estómago.
10. ¿. . . . . tienes tanto miedo?

EJERCICIO IV. Ponga *si no, sino, sí no* según convenga

1. ¿Qué vas a estudiar . . . . Filosofía y Letras?
2. ¿Qué vas a hacer . . . . vas a la discoteca?
3. No puedo estudiar . . . . te estás quieto.
4. Siempre he trabajado: ese ha sido mi . . . .
5. No se darán cuenta de que entramos . . . . hacemos ruido.
6. No fue Pepe . . . . Juan quien lo decidió.
7. Me voy a enfadar . . . . vienes.
8. No fumes . . . . quieres toser.
9. El . . . . del artista es ser un personaje público.
10. ¿Quién . . . . Goya puede haber pintado ese cuadro?

ESQUEMA GRAMATICAL 4

aero-, «aire»	**foto-**, «luz»	**omni-**, «todo»
bio-, «vida»	**hecto-**, «ciento»	**penta-**, «cinco»
cosmo-, «universo»	**macro-**, «grande»	**pluri-**, «varios»
crono-, «tiempo»	**maxi-**, «grande»	**poli-**, «muchos»
deca-, «diez»	**micro-**, «pequeño»	**psico-**, «mente»
demo-, «pueblo»	**multi-**, «muchos»	**seudo-**, «falso»
fono- «sonido»	**neo-**, «nuevo»	**tele-**, «lejos».

EJERCICIO V. Búsquese el significado de los siguientes términos y forme frases

Aerodinámico	Multicentro
Cosmogonía	Pluriempleo
Cronología	Neofascista
Decamerón	Micrófono
Omnipresente	Teléfono
Psicología	Democracia
Pentagrama	Teleobjetivo

EXPRESIONES

Dar el do de pecho.	Ir de la Ceca a la Meca.
Ver los toros desde la barrera.	Ir de Herodes a Pilatos.
Caer de pie.	Vivir del cuento.
No dejar de la mano.	De noche todos los gatos son pardos.
Costar un ojo de la cara.	De grandes cenas están las sepulturas llenas.
Tener cara de pocos amigos.	Lengua de víbora.
La casa de tócame Roque.	Cruzarse de brazos.
Ir de puerta en puerta.	Andar de cabeza.
Tener muchas horas de vuelo.	De golpe y porrazo.
Salirse del tiesto.	

EJERCICIO VI. Utilice la expresión más adecuada

1. Este reloj es carísimo, ...
2. No debes cenar tanto, ya sabes que . . . .
3. Él está de mal humor, ...

4. Estos días . . . . porque tenemos muchísimo trabajo en la oficina.

5. Ayer bebiste demasiado y te . . . .

6. Para arreglar todos los papeles he tenido que ir . . . .

7. Los trabajadores se . . . . y no quisieron seguir trabajando.

8. . . . . cambió la situación.

9. Es muy fácil . . . . y no cooperar en la solución del problema.

10. Aquí no hay orden ni disciplina; esto parece . . . .

EJERCICIO VII. Utilice la preposición más apropiada

«LA PUNTUALIDAD»

Asombrosa elasticidad la . . . . horario español. Ya conté . . . . otra ocasión la historia verídica . . . . cura que al llegar . . . . su nueva parroquia encontró que se fijaba la hora . . . . un funeral vespertino . . . . las seis y media, «. . . . . empezar . . . . las siete». Cuando preguntó el por qué no se fijaba entonces claramente . . . . las siete, escuchó la escandalizada respuesta . . . . . . sacristán: «¿. . . . . que vengan . . . . las siete y media?».

. . . . estos días Madrid, como capital administrativa . . . . reino, está convulsionada . . . . una orden ministerial . . . . nuevo equipo socialista. . . . . parecer se han alterado varios sistemas concatenados . . . . desayunos, acompañamiento . . . . niños . . . . colegio, compras . . . . el mercado, etc. La ciudad se llena . . . . madrugada . . . . gente . . . . mal humor que acude . . . . su trabajo . . . . una hora «inverosímil», que resulta que era su hora . . . . siempre, la hora que aceptaron cuando fueron designados . . . . ocupar aquel sillón, silla o taburete . . . . un organismo oficial. Pero que nunca se había llevado . . . . la práctica.

(Fernando Díaz-Plaja, «Gente de la calle», en el periódico «El País», pág. 54.)

--- **EJERCICIO DE ENTONACIÓN** ---

Lorenzo: Es muy buena tu mujer, tunante. Ya puedes estar contento.

Cleofás: Sí que es buena la pobre, sí. ¡Qué le vamos a hacer!

Hortensia: ¡Tonto! Ay, si te hubieras casado con Antonia, que es la que tenía caudal.

Cleofás: Mamá, si fuiste tú la que me aconsejaste que me decidiese por Consuelito.

Hortensia: Fue un engaño, ¿sabe usted?, un verdadero timo... Siento como un mareo... Ay, señor. (Abre una botella.) A estas horas me han recetado un dedito de orujo. Me recuerda mi infancia, ¡ay! ¿Quiere usted?

Lorenzo: Gracias, que siente bien.

Hortensia: Su madre era vidente. Y tan vidente, la tía fresca. Nos largó a este muerto haciéndonos creer que le tenía ahorrada una fortuna. Ya ve usted: deficiente mental y sin un duro: un bodorrio.

Cleofás: Mamá, que era tu consuegra.

Hortensia: Mi com... pota... era... Este hijo mío es un San Luis Gonzaga.

(Antonio Gala, «Los buenos días perdidos».
Ed. Escelicer. Colección Teatro n.º 743, pág. 26.)

EL CATALÁN Se habla en las cuatro provincias catalanas (Barcelona, Tarragona, Lérida y Gerona), en los valles de Andorra, en parte del País Valenciano, en las islas Baleares, en el Departamento francés de los Pirineos Orientales y en el Alguer (Cerdeña).
Es lengua de gran vitalidad, en ella se escriben numerosos libros y cuenta con una gran literatura. Su variedad dominante es la de Barcelona.
En la actualidad, lo hablan más de seis millones de habitantes.

EL GALLEGO Comprende las cuatro provincias gallegas (La Coruña, Lugo, Orense y Pontevedra). Conoció un gran esplendor literario en la Edad Media. Hoy se muestra perfectamente diferenciado del portugués, pese a su semejanza.
En la actualidad, lo hablan más de dos millones de habitantes, y su estima crece de día en día.

EL VASCUENCE Con un evidente resurgir en el País Vasco (Guipúzcoa, Vizcaya y Álava) y en el Norte de Navarra como afirmación de su personalidad cultural y étnica cuenta con unos setecientos mil hablantes. Asimismo, lo hablan unos noventa mil habitantes en el departamento francés de los Bajos Pirineos.

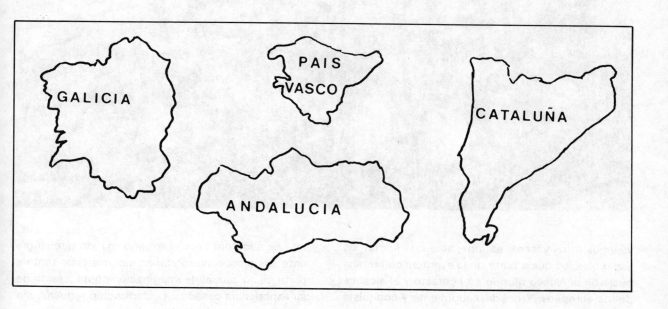

LECCIÓN 14
HISPANOAMÉRICA

Dejando aparte el hecho, muy probable, de que con anterioridad a Colón hubiesen llegado a las costas americanas otros navegantes, como los

Traían consigo desde Castilla las ambiciones, los prejuicios, los hábitos y los valores que habían adquirido en su patria. En primer lugar, y ante todo, eran soldados profesionales, adiestrados para las dificultades y la guerra. Tenían también una mentalidad tremendamente legalista y extendían siempre documentos, incluso en los lugares y situaciones más inverosímiles, para determinar con exactitud los derechos y los deberes de cada miembro de la expedición. Poseían, asimismo, una capacidad infi-

vikingos o los vascos, es innegable que fueron los españoles los que a partir de la aventura colombina pusieron el Nuevo Mundo en contacto y al alcance de los europeos. Y del descubrimiento y conquista de América hay un hecho que ha sumido en la perplejidad a cuantos lo han estudiado: el arrojo y la temeridad de los conquistadores. Debemos tener en cuenta que Cortés acabó con el imperio de Moctezuma con un ejército de seiscientos soldados y que Pizarro, para someter a los Incas, contó sólo con ciento ochenta hombres (...) El carácter de estos hombres y, sobre todo, el predominio de los hidalgos en la dirección de las expediciones dejaron una huella particular en todo el proceso de la conquista.

nita de asombro ante el extraño mundo que surgía ante sus ojos e interpretaban sus misterios tanto a partir de su caudal de imaginación como a partir de su experiencia pasada... La dedicación requería, sin embargo, una causa y el sacrificio, una recompensa. Ambos aspectos fueron descritos con una franqueza extraordinaria por un fiel compañero de Cortés, el historiador Bernal Díaz del Castillo: Vinimos aquí «por servir a Dios y Su Majestad y también por haber riquezas». Los conquistadores llegaron al Nuevo Mundo en busca de riquezas, honor y gloria.

(J. H. Elliott, «La España Imperial. 1469-1716»).

Preguntas:

1. ¿Qué ha significado el descubrimiento de América?
2. ¿Qué sabe de la conquista de Méjico?
3. ¿Cuál era el carácter de los conquistadores?
4. ¿Quién fue Cristóbal Colón?
5. ¿Qué sabe del imperio de los Incas?

ESQUEMA GRAMATICAL 1

EL VERBO SER	

Ser + sustantivo:	Expresa realidad. «Antonio es médico».
Ser + adjetivo:	Expresa una realidad; tiende hacia el aspecto objetivo. «Juan es delgado».
Ser + de:	Expresa posesión, origen. «Juan es de Huelva». «El bolso es de ella».
Ser + participio:	Corresponde a la formulación de la voz pasiva. «El puente fue construido por los soldados».

SER + ADJETIVO

Ser + adjetivo clasificador

Los que significan nacionalidad, partido político, religión, clase social: católico, español, francés, noble, socialista.

«Juan es católico».

Ser + adjetivo verbal

Los que provienen de derivación verbal (**-dor, -ante, -oso, -able**): conversador, inquietante, contagioso, preferible.

«La noticia es inquietante».

Ser + adjetivo cualitativo

Los que significan una cualidad o propiedad intrínseca como nota definitoria del sujeto.

Cualidades físicas y morales: pequeño, peludo, ruin, mezquino.

Forma física y color: alto, gordo, blanco.

Virtudes y vicios: egoísta, caritativo, virtuoso, vicioso.

137

ESQUEMA GRAMATICAL 2

EL VERBO ESTAR

Estar + participio: Expresa el resultado de una acción.
«El niño está cansado».

Estar + gerundio: Expresa una acción en su desarrollo.
«Estábamos durmiendo cuando llamaron por teléfono».

Estar + adverbio: Expresa situación.
«Los gatos están debajo de la mesa».

Estar + de:
a) Idea de temporalidad. «Antonio está de vuelta».
b) Ocupar el puesto de. «Carmen está de médico».
c) Desempeñar la función de. «Juan está de director».

Estar + a: Localización temporal. «Estamos a 11 de marzo».

Estar + hecho: «parecer». Adquiere sentido irónico, admirativo, exclamativo:
«¡Menudo idiota estás hecho tú!».
«¡Estás hecho un artista!».
«¡Está hecha una mujercita!».

ESTAR + ADJETIVO

Estar + adjetivo calificativo: Expresa una opinión personal.
«Pedro estaba delgado».

Estar + adjetivos de estado: Expresan una condición física extrínseca o una situación psíquica transitoria: vivo, ciego, sano, feliz, aburrido.

Estar + adjetivos que expresan relaciones circunstanciales del sustantivo: Son los que indican espacio, tiempo, medida, norma, precio: barato, grande, vacío.

NOTA: **Estar** + (alto, delgado, gordo, bueno, malo...) = Apreciación personal.
Ser + (alto, delgado, gordo, bueno, malo...) = Carácter general.
Estar + (ciego, loco...) = Duración limitada.
Ser + (ciego, loco...) = Consideración general.

EJERCICIO I.   SER/ESTAR

1. Pepito . . . . en casa.
2. Todo eso . . . . muy bien.
3. Hoy . . . . a 22 de julio.

4. El libro . . . . sobre la mesa.
5. ¿Qué hora . . . .? . . . . las siete.
6. Todavía . . . . temprano.

7. ¿Qué te parece el niño? ¿ . . . . muy alto?
8. Esta casa . . . . muy luminosa, ... en muy buen sitio.
9. Pedrito . . . . muy trabajador, pero ahora . . . . enfermo.
10. Me parece que la nena . . . . muy guapa.

EJERCICIO II. SER/ESTAR

1. ¿Juan . . . . soltero?
2. Ya lo creo, Juan . . . . un solterón de tomo y lomo.
3. He encontrado a mi vecino muy mayor . . . . muy envejecido.
4. ¡El pobre José . . . . muy loco!
5. Estos días José . . . . muy loco.
6. José . . . . loco por la música.
7. María . . . . llena de tristeza.
8. Esta pluma . . . . japonesa.
9. ¡Pobre hombre! . . . . tuerto desde la guerra.
10. El perro . . . . fiel hasta la muerte.

EJERCICIO III. SER/ESTAR

1. María . . . . muy simpática, pero hoy . . . . antipática.
2. La cafetera . . . . rota, hoy no podremos tomar café.
3. Este chocolate . . . . frío, no . . . . muy bueno.
4. Carlos . . . . negro con tanto trabajo.
5. El agua de la bahía . . . . muy fría.
6. Las noches de Santander . . . . muy húmedas, pero muy hermosas.
7. Enseguida salgo, ya . . . . listo.
8. Sal pronto, el director . . . . para salir.
9. . . . . a punto de salir, ya . . . . muy tarde.
10. Toma el paraguas, ... para llover.

LOCUCIONES LATINAS.

Ab ovo: desde el principio

Ab initio: desde el principio.

Alter ego: otro yo.

Ad litteram: al pie de la letra.

Mutatis mutandis: cambiando lo que debe ser cambiado.

Statu quo: estado actual del asunto sin modificación alguna.

In situ: en el sitio mismo.

Ipso facto: en el acto.

Mens sana in corpore sano: mente sana en cuerpo sano.

Hic et nunc: aquí y ahora.

Dura lex, sed lex: dura es la ley, pero es ley.

De facto: de hecho.

De jure: de derecho.

Lato sensu: en sentido amplio.

Stricto sensu: en sentido estricto.

Manu militari: por la fuerza.

Nihil obstat: nada impide.

EXPRESIONES

Ser persona de fiar.

Ser un personaje.

Ser hombre de honor.

Ser buen mozo.

Ser un carácter.

Ser hombre de pelo en pecho.

Ser un rollo.

Ser un hueso.

Ser más listo que el hambre.

Ser cuestión de práctica.

Ser suelto de lengua.

Ser un deslenguado.

Ser algo o alguien de tomo y lomo.

Ser de buena pasta.

Ser de buena o mala familia.

Ser un veleta.

Ser un facha.

Casa con dos puertas, mala es de guardar.

Ser muy mirado.

Ser más claro que el agua.

Ser mala o buena cabeza.

Ser una cabeza loca.

EJERCICIO IV. Utilice la expresión más apropiada

1. Tengo que estudiar mucho porque mi profesor . . . .
2. Puedes confiar en Pedro, sin duda . . . .
3. Este niño . . . ., enseguida comprende lo que se le explica.
4. No vamos a ver esta película porque nos han dicho que . . . .
5. Ella . . . ., sólo piensa en divertirse.
6. No te desanimes en tu nuevo puesto de trabajo, todo . . . .
7. Él no se asusta por nada, ...
8. Creo que él . . . . y cumplirá su palabra.
9. ¡No seas . . . . y ten más respeto con las personas!
10. Esto . . . . y no necesita ninguna explicación.

EXPRESIONES

Estar para el arrastre.

Estar al quite.

Estar ojo avizor.

Estar hasta la coronilla.

Estar con el agua al cuello.

Estar al cabo de la calle.

Estar de enhorabuena/enhoramala.

Estar al habla.

Estar mano sobre mano.

Estar a partir un piñón.

Estar cruzado de brazos.

Estar con el pie en el estribo.

Estar de mal humor.

Estar de mal talante.

Estar entre la vida y la muerte.

Estar alumbrado.

EJERCICIO V. Utilice la expresión más adecuada

1. El enfermo está muy grave . . . .
2. Él ha bebido demasiado y . . . .
3. Tenemos que pagar tantas letras que . . . .

4. Ya no aguanto más esta situación, ...

5. Hoy el jefe ...., así que ten cuidado.

6. No les perdáis de vista, ...

7. En vez de .... deberíais ayudar a vuestra madre.

8. Hoy .... porque nos ha nacido nuestro primer nieto.

9. Hemos trabajado tanto que ahora ....

10. Él está enterado de todo el asunto, ...

EJERCICIO DE PUNTUACIÓN

La frecuentación diaria del café de Madame Berger reservaba en ocasiones algunas sorpresas por punto común a la monótona exhumación de los años de guerra sucedía el inevitable diagnóstico de los males de España los contertulios comentaban los últimos acontecimientos de la Península la abortada manifestación de universitarios la carta de los falangistas descontentos la baja espectacular del precio de la aceituna o una declaración del Consejo Privado de don Juan con fórmulas breves y lapidarias tales como «El Régimen ha entrado en su última fase de descomposición y podredumbre» «Los desesperados intentos de la Dictadura muestran su creciente incapacidad frente a la acción unitaria de las masas populares» «La economía española es una nave sin timón» o «Las contradicciones interiores se agudizan» sentencias que vibraban en la atmósfera densa de humo como un conjuro mágicamente repetido.

(Juan Goytisolo, «Señas de Identidad»,
Ed. Seix Barral, pág. 289.)

HERNÁN CORTÉS

En México la política del emperador, vencedor de las comunidades de Castilla, ha de enfrentarse con Hernán Cortés, su vasallo demasiado poderoso en la Nueva España... Después de viajar a España y contraer nuevas nupcias, fijó su residencia en Cuernavaca, a la que hizo cabeza de su inmenso señorío... Como un repoblador medieval, el marqués se consagró a fundar monasterios y poblados y demostró en sus pacíficas tareas de colonizador la misma actividad incansable y las mismas dotes de gobierno con que había enaltecido sus empresas militares. Importó de Canarias la caña de azúcar... Se ocupó de extender el cultivo del algodón y en fomentar la cría del gusano de seda. En sus pastizales se mantenían vacadas, yeguadas y rebaños de ovejas merinas...

El 12 de octubre de 1547, don Hernán Cortés, marqués del valle de Oaxaca, dictó en Sevilla su testamento. Se sentía más agotado que enfermo... En sus cláusulas muestra el mayor espíritu de justicia en favor de los indios...

(Marqués de Lozoya, «Historia de España»,
Salvat Editores.)

LECCIÓN 15
EL ESPAÑOL EN AMÉRICA

La porción de continente americano cubierta hoy por el español era la sede de más de cien familias de lenguas indígenas diferentes, cuando llegaron a él los conquistadores. Este hecho constituyó inicialmente una gran dificultad para los soldados y para los misioneros: la lengua que aprendían en un territorio de nada les valía en otro vecino; los indios a los que enseñaban español para que les sirvieran de intérpretes sólo les eran útiles como mediadores con su tribu. Ello desesperaba ya a Colón, que se queja alguna vez de tamaña dificultad.

(...)La Corona, atenta al beneficio espiritual de sus nuevos súbditos, dictó en un principio instrucciones para que los eclesiásticos aprendieran las lenguas de los indios, sin descuidar por ello la enseñanza de la nuestra. El clero secular y las autoridades insistían en esto último, y el Consejo de Indias llegó a redactar una cédula, en 1595, por la que se ordenaba la enseñanza del español a todos los indígenas, con la subsiguiente prohibición de emplear la propia. Pero Felipe II no quiso poner su firma al pie del documento...

(...)En 1796, el arzobispo de Méjico, Francisco Antonio de Lorenzana, se dirige a Carlos III exponiéndole crudamente la situación: son tantos los idiomas amerindios, que no hay misioneros para atender a sus hablantes... El rey, impresionado por el memorial de Lorenzana, ordena «que se extingan los diferentes idiomas y sólo se hable el castellano»... Casi simultáneamente se decretaba el nombramiento de maestros que enseñasen español en todo el imperio americano.

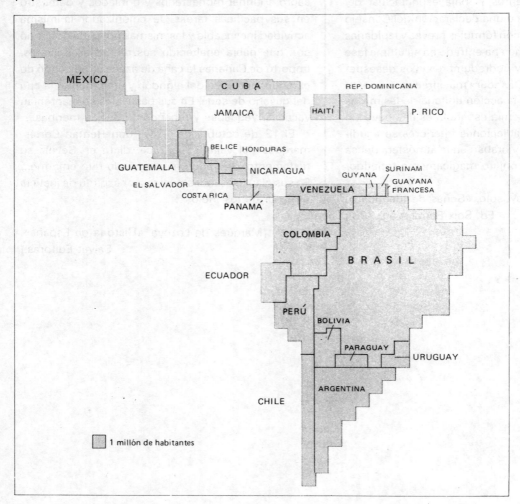

1 millón de habitantes

El Estado no disponía de medios para hacer triunfar ese ambicioso proyecto hispanizador. Y cuando, en 1810, comienza la emancipación de aquellos países, hay unos tres millones de españoles y criollos (americanos descendientes de españoles, bien blancos, bien mestizos) hispanohablantes, y unos nueve millones de indios casi todos desconocedores del español. Las condiciones parecían propicias para el retroceso de nuestro idioma, pero ha ocurrido todo lo contrario: la hispanización lingüística de Hispanoamérica se ha producido, precisamente, a raíz de su independencia.

(Fernando Lázaro,
«Curso de Lengua Española», Anaya.)

Preguntas:

1. Cuando llegan los españoles a América, ¿se habla una sola lengua o varias?
2. ¿Constituyó un problema para los misioneros?
3. La Corona, ¿qué ordena?
4. Al independizarse, ¿existía un gran número de hablantes del español?
5. ¿Eran propicias las condiciones para el triunfo del castellano?

ESQUEMA GRAMATICAL 1

FORMAS NO PERSONALES: EL INFINITIVO

- Expresa la significación global del verbo.

- Expresa por la terminación la conjugación a la que pertenece el verbo: **-Ar, -Er, -Ir.**

- Es la forma verbal que puede funcionar como nombre. Como él puede llevar determinantes y adjetivos que conciertan en la forma masculina.
  «El deber le obliga a estar con ellos.»

- Cuando va acompañado de los pronominales (complementos directos e indirectos), se posponen.
  «Habérmelo dicho.»

- A + infinitivo equivale al imperativo.
  «¡A callar!»

- Entra a formar parte de gran número de perífrasis.
  «Echarse a llorar.»
  «Ir a comprar pan.»

- Al + infinitivo adquiere sentido temporal, equivale a «cuando» + la forma verbal correspondiente.
  «Al llegar a Toledo» (= cuando llegue a...)

- Por + infinitivo adquiere sentido causal.
  «Por comprar caramelos» (= porque has comprado...)

143

- De + infinitivo equivale a una condición.

  «De seguir así, no haremos nada.»

- El infinitivo compuesto (haber + participio) expresa aspecto acabado.

  «De haber conocido la situación, habríamos llegado enseguida.»

EJERCICIO I. Dígase qué significado tienen las proposiciones de infinitivo y siga el modelo

Al llegar a Toledo, comenzó a llover. — *Cuando llegué a Toledo, comenzó a llover.*

1. Por permitir fumar, no se puede
respirar. — . . . .
2. De conseguir la victoria,
iremos a Inglaterra. — . . . .
3. Con ser hijo del catedrático,
no aprueba la asignatura. — . . . .
4. A no ser por la huelga de
controladores, hubiéramos salido. — . . . .
5. Con ser tan alto, no consiguió muchos
encestes. — . . . .
6. Por conseguir el premio, te compraré
una motocicleta. — . . . .
7. ¡A callar! Dijo el profesor
a los alumnos. — . . . .
8. Con haber comprado el coche,
no has conseguido nada. — . . . .
9. Al coger el autobús, perdí el paquete. — . . . .
10. Con haber castigado al niño,
has empeorado la situación. — . . . .

ESQUEMA GRAMATICAL 2

FORMAS NO PERSONALES: EL GERUNDIO

- Expresa acción simultánea de la acción principal o anterioridad respecto de la acción principal.

  «Me canso escribiendo».

- Es la forma verbal que puede funcionar como el adverbio. Al igual que algunos adverbios, puede llevar sufijos diminutivos.

  «Se marchó andandito».

- Cuando va acompañado de los pronominales (complementos directo o indirecto), se posponen.

    «Saludándonos, se marchó».

- **No** se ha de emplear cuando exprese acción posterior a la del verbo principal.
    «Montó en el coche, dirigiéndose a Toledo». (...y se dirigió a Toledo)

- La proposición adverbial puede adquirir los siguientes valores:
    — **Valor temporal:** «Viniendo al cine, me he encontrado con Angel.»
    — **Valor condicional:** «Hablando idiomas, no tendrás problemas.»
    — **Valor concesivo:** «Aun estando tú, la situación no cambia.»
    — **Valor causal:** «Hablando a gritos, no satisfizo a nadie.»
    — **El gerundio compuesto (habiendo + participio) indica acción acabada, anterior a la del verbo de la principal:** «Habiéndome puesto una multa, recurrí al Ayuntamiento.»

EJERCICIO II. Dígase qué significado tienen las proposiciones de gerundio y sígase el modelo

En sonando las campanas, iremos
a la iglesia.

— *Cuando suenen las campanas, iremos a la iglesia.*

1. Estando la familia reunida, el padre
   repartió los regalos.   — ....

2. Trabajando con denuedo, llegó
   a millonario.   — ....

3. Terminando el trabajo, salió
   de la oficina.   — ....

4. Recibiendo información, saldremos
   adelante.   — ....

5. Aun comprando barato, no me
   alcanza el dinero.   — ....

6. Encendiendo la calefacción por la
   mañana, no tendréis frío.   — ....

7. Sabiendo nadar bien, os metisteis
   mar adentro.   — ....

8. Logrando ganar las partidas difíciles,
   seréis campeones.   — ....

9. Viniendo al departamento, me han
   dado esto para ti.   — ....

10. Yo, estando en desacuerdo, dimití.   — ....

145

ESQUEMA GRAMATICAL 3

FORMAS NO PERSONALES: EL PARTICIPIO

- Expresa acción acabada, anterior a la principal.

- Con el verbo «haber» forma los tiempos compuestos de la conjugación española.
  «He comido muy bien».

- Con el verbo «ser» forma la voz pasiva.
  «La lección fue estudiada por los alumnos».

- Como el adjetivo, cuando completa al nombre, concuerda con él en género y número.
  «La noticia manipulada llegó a la opinión pública».

- En proposiciones subordinadas puede adquirir los siguientes valores:
  — **Valor temporal**: «Acabada la cena, nos fuimos a casa.»
  — **Valor causal**: «Aprobada la moción de censura por vosotros, no tiene objeto mi opinión».
- **Las formas en -ante, -ente, -iente responden** al participio de presente. Algunos de ellos funcionan normalmente como sustantivos: «estudiante, dependiente, presidente.»

EJERCICIO III. Ponga el verbo en la forma correcta

1. Los alumnos (haber salir) . . . . cuando llegábamos.
2. Los dioses del Olimpo (ser agraviar) . . . . por los griegos de la Grecia clásica.
3. (acabar) . . . . la cena, los asistentes se marcharon.
4. Los niños (asustar) . . . . no salieron de su escondite.
5. El que canta se llama (cantar) . . . .
6. Los pactos (ser incumplir) . . . . por los firmantes.
7. Estuvo (complacer) . . . . con el adversario.
8. El niño era (obedecer) . . . . normalmente.
9. No estaba la nota (corresponder) . . . . al día 30 de agosto.
10. Por la contaminación bebían agua (hervir) . . . .

EJERCICIO IV. Expresar por medio de proposiciones de infinitivo, gerundio o participio las siguientes oraciones

Cuando llegó el momento, nos dijimos adiós.

— *Al llegar el momento, nos dijimos adiós.*
— *Llegado el momento,*
— *Llegando el momento,*

1. Cuando redactó la orden, estaba tranquilo.

— . . . .

2. Si tuviéramos paz, viviríamos
   tranquilos. — ....
3. Aunque es muy duro, tiene buen corazón. — ....
4. Si hubieras aprobado, habrías
   obtenido un regalo. — ....
5. Cuando contó el dinero, se llevó
   una gran alegría. — ....
6. Cuando explica la lección,
   es muy explícito. — ....
7. Si cortan el agua, debemos preocuparnos. — ....
8. Aunque tiene muchos amigos,
   nadie le ayuda. — ....
9. Si tuviéramos tomates, haríamos
   una ensalada. — ....
10. Cuando habla, escuchan todos. — ....

EXPRESIONES

Echar balones fuera.

Echar un capote a alguien.

Echar las cartas.

Echar toda la carne en el asador.

Echar teatro a algo.

Echar el guante.

Echar una mano.

Echar mano de algo (alguien)

Echar los hígados.

Echar las muelas.

Echar una ojeada.

Echar la casa por la ventana.

Echar cuentas.

Echarse un trago.

Echarse una amiga.

Echar un mano a mano.

EJERCICIO V. Utilice la expresión más adecuada

1. La policía le pudo .... al ladrón.
2. Tenemos que .... porque a lo mejor no nos alcanza el dinero.
3. Voy a .... porque tengo mucha sed.
4. Él ha abandonado a su mujer y ....
5. ¿Me puedes .... en este trabajo?
6. En la boda de su hija invitaron a medio pueblo y ....
7. Para solucionar este problema tenemos que ....
8. Voy a .... para ver si ya ha pasado el peligro.
9. Ellos .... para ver quién era el más fuerte.
10. En las situaciones difíciles él siempre nos ....

EJERCICIO DE ACENTUACIÓN

La vispera de nuestra marcha, por la noche, le estuve escribiendo una carta de despedida bastante disparatada, no estaba segura de atreverme a darsela, pero escribirla me tranquilizo. A la mañana siguiente me puse un vestido blanco y rosa que me gustaba mucho y deambule sin rumbo por pasillos y galerias con aquel papelito en el bolsillo, demorando el encuentro; me cruce con diversas personas que me saludaban y hablaban conmigo, les contestaba amable, con una especie de condescendencia olimpica, sabiendome en posesion de un secreto que ellos nunca podrian compartir, capaz de hacer algo que nadie haria, porque ninguna chica modosa y decente de aquel tiempo tendria la audacia de escribir una carta asi; sali al parque y la estuve releyendo, era totalmente literaria, el destinatario era lo de menos, me embriagaba de narcisismo.

(Carmen Martín Gaite, «El cuarto de atrás», Ed. Destino, pág. 53.)

LOS ANDALUCES Y LA CONQUISTA DE AMERICA

La influencia decisiva del andaluz sobre el español de América hay que buscarla en los primeros años de la conquista (lo que se llama «el período antillano»). Efectivamente, Colón descubrió todas las Antillas, y en la isla de La Española (hoy Santo Domingo) se instalaron los primeros órganos de gobierno, administración, evangelización y cultura. Fue allí donde se asentaron los primeros colonos y se fundó la primera sociedad criolla; a esta sociedad se refiere el fuerte porcentaje de andaluces a que antes nos hemos referido. En aquellas islas, libre de una norma idiomática que, en España, imponía la Corte, el idioma adquirió un perfil andaluzado, como resultado de la mayoría demográfica andaluza, y de lo persuasivos y contagiosos que resultan los meridionalismos hispanos. Tales rasgos se fortalecían con la llegada de nuevos españoles, los cuales habían de pasar en Sevilla meses, y aun años, en espera de obtener licencia para instalarse en América, e iban ya, por tanto, andaluzados.

(Fernando Lázaro, «Curso de lengua española», Ed. Anaya.)

España, por su historia, cultura y situación geográfica, es punto casi obligado de una gran parte del turismo europeo. No hay que olvidar, sin embargo, el nivel de vida español, inferior a la media de los países industrializados del occidente, lo que hace más asequible su desplazamiento a España.

El despegue del turismo hacia España tiene lugar en los años sesenta atraído, en su mayoría, por el sol, es decir, las playas. Es, pues, un turismo que busca el sol y se dirige hacia el litoral.

Los lugares más solicitados son la costa Brava, la costa Blanca y la costa del Sol. El turismo español de élite burguesa había preferido y sigue prefiriendo, por las fechas veraniegas, el Norte: San Sebastián y Santander.

No hay que olvidar la belleza natural y el clima de las Baleares y las Canarias, que con sus características bien diferenciadas son dos extraordinarios focos de atracción veraniega e invernal a escala nacional e internacional.

Pero, indudablemente, esta visión sería incompleta si no nos refiriéramos al turismo que busca su recreación en aspectos históricos y artísticos. España, en este sentido, además del arte visigótico, románico, gótico, renacentista, etc., ofrece aspectos muy singulares, fruto de las tres culturas que conforman nuestra idiosincrasia: la cristiana, la judaica y la árabe. Córdoba, Granada, Sevilla, Segovia, Toledo, Ávila, Burgos, Soria, León, Salamanca, Cáceres, Santiago de Compostela... pueden ser algunas muestras de nuestras ciudades histórico-artísticas; Madrid y Barcelona añaden su vitalidad cultural y sus excelentes museos.

Por fin, la montaña. Los Pirineos, el sistema Central y Sierra Nevada cuentan con excelentes condiciones para desarrollar los deportes de invierno.

A la serie de estaciones de invierno que fomentan los deportes alpinos, cabe citar pasajes como el parque nacional de Aigües Tortes, en el Pirineo leridano, y los parques nacionales de Ordesa y Banasque, en el Pirineo de Huesca, que por su belleza natural y agreste paisaje merecen la atención de nuevos visitantes.

Preguntas:

1. Qué prefiere, ¿el mar o la montaña?
2. Haga una ruta turística por España.
3. Señale rutas turísticas de su país.
4. ¿Qué conoce de España?
5. ¿Qué manifestación artística le gusta más? ¿Por qué?

ESQUEMA GRAMATICAL 1

PERÍFRASIS VERBALES

Las perífrasis verbales consisten en el empleo de un verbo auxiliar conjugado, pero con pérdida de su total o parcial significación normal.

- Las perífrasis formadas por un verbo auxiliar + infinitivo dan a la acción carácter orientado hacia el futuro.

    «Voy a salir.»

- Las perífrasis formadas por un verbo auxiliar + gerundio confieren a la acción carácter durativo.

    «Estoy comiendo.»

- Las perífrasis formadas por un verbo auxiliar + participio imprimen a la acción carácter perfectivo y la sitúa en el pasado.

    «Tienen pensado ir a Toledo.»

ESQUEMA GRAMATICAL 2

PERÍFRASIS VERBALES: VERBO AUXILIAR + INDEFINIDO

● Tienen carácter progresivo: «Voy a salir.»

«Iba a salir.»

«Tendré que salir.»

La acción de salir es siempre futura en relación con el verbo auxiliar, aunque la totalidad del concepto verbal sea, respectivamente, presente, pasado y futuro.

Ir a + infinitivo
echar a + infinitivo
ponerse a + infinitivo   }   Acción que comienza a efectuarse.
romper a + infinitivo   «El autobús va a llegar.»

Venir a + infinitivo
deber de + infinitivo   }   Expresión aproximativa.
                                 «Viene a costar 200 ptas.»

Llegar a + infinitivo
acabar de + infinitivo   }   Expresión perfectiva.
dejar de + infinitivo   «Antonio acaba de pasar.»

Haber de + infinitivo
haber que + infinitivo
tener de + infinitivo |
tener que + infinitivo   }   Expresión de la obligación.
deber + infinitivo   «Juan tiene que estudiar.»

EJERCICIO I. Siga el modelo

Son las nueve. El autobús llega.   — *El autobús va a llegar a las nueve.*

1. A las siete Juan estudia.
    (ponerse a).   — ....
2. Pedro salió corriendo. *(echarse a)*   — ....
3. Al conocer la noticia, Juan lloró.
    (romper a).   — ....
4. Nos ha tocado la quiniela.
    Seremos ricos. *(ir a).*   — ....
5. Los zapatos cuestan 3.000 ptas.
    aproximadamente. *(venir a).*   — ....

6. Calculo que serán las diez.
    (deber de). — ....

7. El coche costó alrededor de
    500.000 ptas. *(venir a).* — ....

8. Quizá esté en casa.
    (deber de). — ....

9. Supuse que estabas loco. *(llegar a).* — ....

10. He visto a Carlos. *(acabar de).* — ....

11. Tu niño no va a la escuela.
    (dejar de). — ....

12. La cena me ha costado mucho.
    (llegar a). — ....

13. Es necesario profesionalizar la
    institución. *(haber que).* — ....

14. Mañana voy al médico. *(tener que).* — ....

15. Es obligatorio ejercitarse
    más. *(deber).* — ....

16. Irás al oculista. *(haber de).* — ....

ESQUEMA GRAMATICAL 3

PERÍFRASIS VERBALES: VERBO AUXILIAR + GERUNDIO

● Tiene carácter de acción durativa.

Estar + gerundio

Con verbos de acción no momentánea realza la noción durativa o denota progreso de una acción habitual.

> «Carmen está mirando el escaparate».

Con verbos de acción momentánea introduce sentido reiterativo.

> «El niño ha estado besando a su madre».

Ir, venir, andar + gerundio

Añaden a la duración del gerundio las ideas de movimiento, iniciación y progreso en la acción.

> «Voy recopilando el material».
> «Vengo observando que trabajas bien».
> «Ando trabajando a marchas forzadas».

Seguir + gerundio

Expresa explícitamente continuidad en la acción.

> «Sigo pensando que no estuviste acertado».

EJERCICIO II. Siga el modelo

Los niños juegan en el patio. *(estar).*   — *Los niños están jugando en el patio.*

1. Los policías buscan al ladrón.
   (seguir).
   — . . . .
2. La niña se sube a la ventana.
   (andar).
   — . . . .
3. El cartero reparte la
   correspondencia. *(estar).*
   — . . . .
4. Juan solicita empleo. *(venir).*
   — . . . .
5. Pedro recuerda el accidente a cada
   momento. *(ir).*
   — . . . .
6. Carmen canta en el Real.
   (estar).
   — . . . .
7. En verano van de camping a la
   sierra *(seguir).*
   — . . . .
8. Javier escribe un cuento para el
   certamen nacional. *(andar).*
   — . . . .
9. El abuelo camina despacio. *(ir).*
   — . . . .
10. Nieves prepara oposiciones.
    (seguir).
    — . . . .

ESQUEMA GRAMATICAL 4

PERÍFRASIS VERBALES: VERBO AUXILIAR + PARTICIPIO

- Expresa acción terminada.

- Haber + participio forma los tiempos compuestos de la conjugación. El participio, en esta perífrasis, aparece inmovilizado en el masculino.
  «Juan ha salido de viaje».
  «Los niños han llegado tarde».

- Con verbo distinto a haber, el participio mantiene la concordancia con el complemento directo.
  «Llevo andados muchos caminos».

- Con «ser» y «estar» el participio concierta con el sujeto.
  «Los niños fueron protegidos».
  «Sus palabras fueron muy aplaudidas».

- Con el verbo «tener», el participio concuerda con el complemento directo.
  «Tengo oídas todas las sinfonías de Beethoven».

EJERCICIO III. Ponga el participio en la forma adecuada

1. Tengo (comprar) . . . . doscientas botellas de vino.
2. He (preparar) . . . . la cena lo mejor posible.
3. La policía estuvo (cercar) . . . . durante mucho tiempo.
4. Llevo (contar) . . . . cinco penaltis sin señalar.
5. La comisión interfacultativa fue (autorizar) . . . . a negociar.
6. Habíamos (elegir) . . . . los mejores trajes para el acontecimiento.
7. Tenían (seleccionar) . . . . diez novelas.
8. Los jugadores fueron (amonestar) . . . . por el árbitro.
9. Ya hemos (estudiar) . . . . el asunto.
10. Tengo (analizar) . . . . diez obras modernistas.

ESQUEMA GRAMATICAL 5

VERBOS CON DOS PARTICIPIOS		
	Regular	Irregular
Abstraer	abstraído	abstracto
Atender	atendido	atento
Confesar	confesado	confeso
Confundir	confundido	confuso
Convencer	convencido	convicto
Despertar	despertado	despierto
Elegir	elegido	electo
Imprimir	imprimido	impreso
Maldecir	maldecido	maldito
Manifestar	manifestado	manifiesto
Proveer	proveído	provisto
Soltar	soltado	suelto
Suspender	suspendido	suspenso

● En los tiempos compuestos se usa siempre el participio regular.

EJERCICIO IV. Utilice el participio más apropiado

«abstraer»

1. Él estaba tan . . . . en sus pensamientos que no nos oyó llegar.
2. Tus pensamientos son demasiados . . . . y te olvidas muchas veces de la realidad.

«manifestar»

3. Los guerrilleros han lanzado un . . . . a toda la población.

4. El presidente ha . . . . que no permitirá ninguna huelga general.

«suspender»

5. La conferencia se ha . . . . por falta de público.
6. Él ha tenido cuatro . . . . y tiene que repetir curso.

«imprimir»

7. ¿En qué imprenta se ha . . . . este libro?
8. Ud. tiene que rellenar este . . . . y entregarlo en la ventanilla 4.

«despertar»

9. Estoy muy cansado porque me he . . . . muy temprano.
10. El niño sigue . . . . aunque ya son las dos de la noche.

EXPRESIONES

Hacer un buen servicio.

Hacer carrera.

Hacer la carrera.

Hacer novillos.

Hacer un buen o mal papel.

Hacerse papilla.

Hacerse la boca agua.

Hacer eses.

Hacer pucheros.

Hacer el agosto.

Hacerse un lío.

Hacer oídos de mercader.

Hacerse el sueco.

Hacer algo sobre la marcha.

Hacer el primo.

Hacer la colada.

Hacerse a la mar.

EJERCICIO V. Utilice la expresión más apropiada

1. Viendo estos pasteles tan ricos, se me . . . .
2. Tengo que . . . . pues toda mi ropa está sucia.
3. Él estaba tan borracho que iba . . . . por la calle.
4. Cuando amanece, los pescadores se . . . .
5. No te . . . . y cuéntame todo lo que sabes.
6. Ya estoy harto de . . . . siempre tengo que pagar las consecuencias.
7. El jarrón chino se ha caído al suelo y se ha . . . .
8. Hoy no tengo ganas de ir a clase, creo que voy a . . . .
9. Como representante del gobierno, el ministro de economía ha . . . . en la conferencia de países no alineados.
10. Estoy . . . . pues con este problema tan difícil no sé por dónde empezar.

EJERCICIO DE ENTONACIÓN

Generosa: Ya me lo ha dicho Trini.

Paca: ¡Vaya con Trini! ¡Ya podía haberse tragado la lengua!
(Cambiando el tono). Y para mí que fue Elvirita quien se lo pidió a su padre.

Generosa: No es la primera vez que les hacen favores de ésos.

Paca: Pero quien lo provocó, en realidad, fue doña Asunción.

Generosa: ¿Ella?

Paca: ¡Pues claro! (Imitando la voz). «Lo siento, cobrador, no puedo ahora. ¡Buenos días, don Manuel! ¡Dios mío, cobrador, si no puedo! ¡Hola Elvirita, qué guapa estás!» ¡A ver si no lo estaba pidiendo descaradamente!

Generosa: Es usted muy mal pensada.

Paca: ¿Mal pensada? ¡Si yo no lo censuro! ¿Qué va a hacer una mujer como ésa, con setenta y cinco pesetas de pensión y un hijo que no da golpe?

(Buero Vallejo, «Historia de una escalera», Ed. Epesa, pág. 99.)

LA MÁS BELLA PLAZA

Salamanca es la Universidad y la Plaza Mayor. Incluso para quienes lo universitario es lo fundamental, la Plaza es inevitable. Como lugar de paseo y punto de cita, la Plaza Mayor es imprescindible. Si además es artística y armoniosa, resulta única. Por esto es la más bella plaza de España.

Surgió cuando se quiso dotar a la ciudad de un lugar abrigado y cómodo para mercado. Se planeó con lógica y tesón, suave y uniformemente barroca.

La Alcaldía conserva los proyectos de Alberto Churriguera y la maqueta para el Ayuntamiento de Andrés García de Quiñones, en la que se preveían dos cúpulas que no llegaron a realizarse.

En 1729 se iniciaron las obras que habían de durar cinco lustros. Comenzada por el lado este, destaca sobre el arco del toro el llamado Pabellón Real, desde el que los monarcas presenciaban las fiestas caballerescas y taurinas: se continuó por el sur y el oeste, para finalizar con la Casa Consistorial al norte. Es ésta un palacio barroco que destaca sobre la horizontalidad de la plaza y rompe su uniformidad, al mismo tiempo que centra la atención en el lado permanentemente soleado del rectángulo.

(Julián Álvarez, «Salamanca», Ed. Everest.)

Un fenómeno importante en la configuración de la España actual ha sido el movimiento migratorio, considerado tanto en su aspecto interno como externo.

Como es sabido, los movimiento migratorios se producen por diferencias de tensión demográfica

cadena la emigración a las áreas de mayor desarrollo industrial y menor crecimiento vegetativo. Se crea así una serie de corrientes migratorias a Madrid, todo el Norte y Cataluña.

Las zonas de inmigración, pues, en España se han agrupado en torno al Valle del Ebro. En el extremo noroeste de ese eje aparece el País Vasco y Navarra, en el centro Zaragoza capital y en el extremo inferior todo el litoral mediterráneo, desde Gerona a Alicante. Figuran también Madrid, en el interior, que está rodeada de un fuerte despoblamiento, y dos archipiélagos (Canarias y Baleares).

Con relación a la emigración exterior, exceptuando la que produjo la guerra civil, en un principio se

En miles de personas

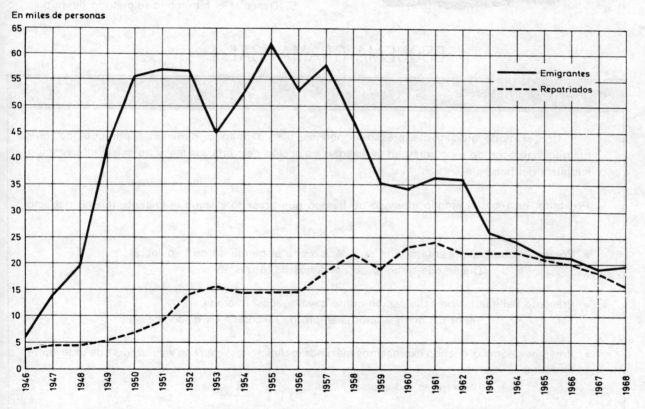

sobre los recursos económicos disponibles. El funcionamiento de este mecanismo se aprecia claramente en nuestra migración interior. El más fuerte crecimiento vegetativo de la España peninsular se da en Galicia, Murcia, Extremadura y en el interior de Andalucía. Todas las mencionadas son zonas de baja renta per cápita, originándose en ellas una alta tensión demográfica sobre los recursos, que desen-

dirigió hacia Hispanoamérica; prácticamente hasta 1958 en que la prosperidad alcanzada por los países europeos hizo que la mano de obra española se dirigiera allí masivamente. En los años de auge económico europeo, más de un millón de españoles cruzaron las fronteras con el fin de instalarse allí. Con la recesión europea (1974-1977) la emigración remitió hasta anularse.

Con el abandono de las zonas rurales en busca de puestos de trabajo en la industria y servicios, la población se ha ido concentrando en los grandes núcleos urbanos: Madrid y Barcelona, por ejemplo, que al acabar la guerra civil apenas si llegaban al millón de habitantes, cuentan hoy con más de cuatro millones en su área metropolitana.

Preguntas:

1. ¿Por qué se produce el fenómeno migratorio?
2. ¿En qué zonas tiene mayor incidencia la emigración?
3. ¿Cuáles son las zonas receptoras?
4. ¿Hacia dónde se ha dirigido la emigración española?
5. Describa el fenómeno migratorio de su país.

ESQUEMA GRAMATICAL 1

INDICATIVO: PRESENTE

Con el modo Indicativo expresamos hechos, bien afirmando, negando o preguntando, que ocurren, han ocurrido u ocurrirán en la realidad. La acción del verbo es real y no existe intervención subjetiva del hablante.

Presente: expresa un amplio intervalo de tiempo que precede y sigue al instante mismo del acto verbal.

- Presente actual, expresa la acción en relación con el momento de la palabra.
    «Desde que te conozco hablamos de lo mismo».

- Presente habitual, expresa la acción como usual y acostumbrada.
    «Por las noches ando siempre de discoteca en discoteca».

- Presente gnómico, cuando expresamos máximas, definiciones, etc., con validez fuera de todo límite temporal.
    «La tierra es redonda».

- Presente por pasado, expresa actualización y mayor viveza de una acción pasada al acercar ficticiamente el tiempo pasado al actual.
    «Carlos I reina en 1530».

- Presente de conato, expresa acción situada en el pasado que no llega a realizarse. Precedido de las locuciones adverbiales: por poco, a poco más, a poco.
    «Por poco me caigo».

- Presente por futuro: expresa acción ampliada con el fin de conseguir un acercamiento psíquico.

  «Mañana voy al campo a descansar».

- En las expresiones interrogativas cuando se pregunta por órdenes, decisiones, etc., que se han de realizar después.

  «¿Qué hacemos ahora?»

- Expresa, con valor de mandato, situaciones no comenzadas, que han de cumplirse en el futuro. Sustituye al imperativo.

  «¡Tú te callas!»

- Se emplea, para expresar futuro, en las prótasis condicionales.

  «Si quieres, toma mi coche».

EJERCICIO I. Emplee el presente

1. Desde que (conocerte) . . . . siempre cuentas lo mismo.
2. Por las mañanas (dormir) . . . . mejor que por las noches.
3. Los leones (ser) . . . . animales mamíferos.
4. Si los obreros (ir) . . . . a la huelga, paralizarán las obras.
5. Tú (venirte) . . . . con nostros.
6. Los periódicos (publicar) . . . . muchos anuncios.
7. Por la tarde nosotros (ir) . . . . a tu casa.
8. Mañana por la mañana nosotros (salir) . . . . de viaje.
9. Los Reyes Católicos (expulsar) . . . . a los árabes.
10. Cristóbal Colón (descubrir) . . . . América.

EJERCICIO II. Dígase qué tipos de presentes aparecen y pónganse en el tiempo correspondiente si es posible

Mañana voy al médico.   — *Mañana iré al médico.*

1. Pasado mañana vamos al teatro.   — . . . .
2. ¡Tú te callas!   — . . . .
3. ¿Qué estudiamos ahora?   — . . . .
4. Por poco me quedo sin desayunar.   — . . . .
5. A las tres venimos a despedirnos.   — . . . .
6. Estábamos reunidos, y, de pronto, aparece la policía.   — . . . .
7. La guerra civil española empieza en 1936.   — . . . .

8. ¿Qué hacemos a partir de ahora? — . . . .
9. Si quieres, vamos al cine. — . . . .
10. El jueves es fiesta. — . . . .

ESQUEMA GRAMATICAL 2

INDICATIVO: PRETÉRITO IMPERFECTO

Expresa una acción pasada inacabada. No señala ni el principio ni el fin de la acción.

- Imperfecto descriptivo, dado su carácter durativo, presenta rasgos ambientales, paisajes...

  «Todas las tardes algunas vecinas lavaban en el patio, y cuando terminaban su faena, vaciaban los lebrillos en el suelo...».

- Expresa acción simultánea a otra.
  «Escuchaba música mientras veía la televisión».

- Expresa una acción continua cuando se realiza otra.
  «Llovía cuando llegaron».

- Imperfecto de cortesía, tiene un marcado valor de presente.
  «Quería preguntar si ...»   «¿Qué quería usted?».

- Imperfecto de conato, cuando se desplaza hacia el futuro.
  «En este momento, salía para Barcelona».

EJERCICIO III. Dígase qué tipos de imperfectos aparecen

1. ¿Podía plantearle un problema?
2. Dormían cuando llamaron a la puerta.
3. Andaba siempre aseado porque cuidaba mucho su imagen.
4. Mientras jugaba al ajedrez, solía cantar.
5. Venía a que usted me dijera qué debo hacer.
6. Me encuentro aquí porque iba a participar en el coloquio.
7. ¿Deseaba hablar conmigo?
8. El paisaje estaba desolado: la hierba apenas si existía.
9. Entraba cuando nosotros salíamos.
10. Estudió mientras tenía ilusión.

ESQUEMA GRAMATICAL 3

INDICATIVO: FUTURO IMPERFECTO

Expresa una acción futura independiente de cualquier otra acción.
«Mañana iré al cine».

- En la 2.ª persona expresa valor modal obligatorio cuando sustituye al imperativo.
    «No matarás».
    «¡Harás lo que te ordene!»

- Expresa probabilidad cuando se emplea en relación con el presente y le acompaña la interrogación.
    «¿Podrá darme la hora a las cinco?»

- Perífrasis que pueden suplir al futuro y, a la vez, añaden matizaciones modales.
    Haber de + infinitivo, deber (de) + infinitivo, ir a + infinitivo.

    «Este verano vamos a hacer un viaje por Europa»

EJERCICIO IV. Póngase el verbo en futuro. Utilícense las perífrasis, y dígase qué tipos de futuros aparecen

El mes próximo (pagar) . . . .   — *El mes próximo pagaremos el alquiler.*
el alquiler.   — *El mes próximo tendremos que pagar.*

1. No te (enfrentar) . . . . a las
   fuerzas del orden.   — . . . .
2. (Hacer) . . . . lo que te manden.   — . . . .
3. (Ser) . . . . las cinco de la tarde.   — . . . .
4. ¿(Poder) . . . . atenderme unos minutos?   — . . . .
5. Ellos (ver) . . . . lo que dice
   la prensa mañana.   — . . . .
6. Juan nos ha dicho que (haber) . . . .
   manifestación.   — . . . .
7. ¿Crees que (estudiar) . . . . mucho?   — . . . .
8. ¡No (discutir) . . . . (vosotros) más!   — . . . .
9. Mañana nosotros (salir) . . . .
   de viaje.   — . . . .
10. ¿Quién (llamar) . . . . a estas horas?   — . . . .

EXPRESIONES

Tener mano izquierda
Tener buena o mala pata
Tener buenas salidas
¡Tener cada ocurrencia!
Tener renombre
Tener personalidad
Tener la vida en un hilo
Tener siete vidas
Tener buenas o malas pulgas
Tener mal genio
No tener pelos en la lengua
Tener cabeza de chorlito

Tener a uno entre los ojos.
Tener aldabas.
Tener cuenta.
Tener la lengua larga
Cada maestrillo tiene su librillo
Tener miga alguna cosa
Tener mal vino
Tener pasta
Tener el colmillo retorcido
Tener más conchas que un galápago
Tener cubierto el riñón
Tener más años que Matusalén

EJERCICIO V. Utilice la expresión más apropiada

1. Esta canción es muy antigua . . . .
2. Mucha gente le admira porque . . . .
3. El queso manchego . . . . en el extranjero.
4. Ella no . . . . y dice todo lo que piensa.
5. No podemos decir que su método sea malo porque . . . .
6. A Carlos todo le sale mal, el pobre siempre . . . .
7. Este cómico es muy divertido y . . . .
8. Este niño pinta muy bien, yo creo que . . . . de artista.
9. Ten cuidado con él, pues . . . .
10. El enfermo . . . . , hay muy pocas esperanzas de que se salve.

EJERCICIO VI. Utilice la preposición más apropiada

«LAS COCINITAS SON DE NIÑA»

Un niño . . . . cuatro años entra . . . . una juguetería y se dirige . . . . una cocina casi tan grande como él. «Papá, cómpramela». La dependienta le dice: «No. Eso es . . . . niñas». Inmediatamente, el niño deja . . . . interesarse . . . . la cocina y comienza . . . . manipular una moto . . . . pedales . . . . los dos o tres días recoge todos los «cacharritos» y pide permiso . . . . regalárselos . . . . su vecina, «porque son . . . . niña». Y así lo hace, pero . . . . la sorpresa . . . . sus padres vuelve . . . . la casa . . . . la niña . . . . un inmenso muñeco . . . . quien mece cariñosamente y golpea . . . . la espalda «. . . . . que eche el aire».

. . . . la España . . . . consenso hay adultos . . . . quienes preocupa que los niños jueguen . . . . muñecos . . . . otros nos escandalizan las tempranas manifestaciones . . . . machismo y belicismo . . . . los juegos . . . . los niños, o el fomento . . . . actitudes «femeninas», es decir, antifeministas, ... los juguetes . . . . las niñas.

(Josetxu Linaza. «El País», martes 14 de diciembre de 1982, pág. 5, Educación.)

EJERCICIO DE PUNTUACIÓN

Un aeropuerto es el lugar más impersonal del mundo y por lo tanto el lugar donde la conducta del hombre puede ser e incluso suele ser más virtuosa no se ha sabido nunca de un crimen cometido en un aeropuerto todo el mundo habla camina mira y escucha sin prisa y sin pausa las palabras de los altavoces indicando la hora de salida de los aviones la ruta y las puertas de acceso son palabras dichas en tono claro y tranquilo los grupos que salen de los aviones recién aterrizados están formados por personas sonrientes todo el mundo sonríe cuando sale de un avión por la alegría del reencuentro con la tierra los grupos de los que van a abordar el avión de salida están formados por personas taciturnas que tienen la preocupación del accidente mortal pero la llevan con dignidad.

(Ramón J. Sender, «La llave y otras narraciones», Ed. Colección Novelas y Cuentos, pág. 171.)

CARACTERÍSTICAS DE LA EMIGRACIÓN HACIA EL EXTERIOR

Tradicionalmente, la emigración hacia Hispanoamérica ha tenido sus focos principales en regiones atlánticas: Galicia, Asturias y Canarias, y sus componentes, en un principio campesinos, han pasado a ser personas pertenecientes al sector secundario (industria) y al sector terciario (servicios). Pero en un caso u otro ha sido una emigración familiar y permanente, participando en ella gentes de todas las edades y de ambos sexos.

Por el contrario, la emigración hacia Europa ha tenido sus focos principales en Andalucía, Levante e Interior. Por el alto nivel de industrialización de los países receptores, la mano de obra de nuestros emigrantes era contratada como mano de obra barata y no especializada, para cubrir los puestos peor remunerados que ellos podían dejar vacantes. De ahí que sean poco frecuentes los traslados familiares y abunden los hombres en edad laboral.

Años	Emigración transoceánica	Emigración a Europa
1959	35.220	24.055
1960	34.328	40.838
1961	36.495	108.846
1962	36.181	149.916
1963	25.852	160.825

Años	A Alemania	A Francia	A Suiza	Total de emigrantes asistidos
1968	23.565	25.136	15.569	66.699
1969	42.778	32.008	20.664	100.840
1970	40.977	22.267	26.821	97.572

LECCIÓN 18
LA DIVERSIDAD PENINSULAR

«España es diferente» constituyó uno de los eslóganes más repetidos en los años sesenta de cara al turismo.

La diferencia, a nuestro entender, consiste en que su peninsularidad se presenta de modo diverso. Es diversa su climatología, su orografía, su distribución de la riqueza y su distribución humana.

En efecto, desde una perspectiva climática podemos distinguir:

a) El clima atlántico con temperaturas suaves, sin grandes oscilaciones y con abundancia y regularidad de lluvia. Comprende el litoral cantábrico y Galicia. Es, por antonomasia, la España húmeda.

Presenta una densidad de población superior a la media nacional, eminentemente dispersa en pequeños núcleos rurales, salvo las grandes aglomeraciones urbanas de las zonas más industrializadas: País Vasco y cuenca minera asturiana. El campo presenta la estructura del minifundio.

b) El clima continental, con temperaturas extremadas y grandes oscilaciones (según sea verano o invierno), presenta escasez de lluvias. Comprende el interior: La Meseta y las depresiones del Ebro y Guadalquivir.

En los últimos años ha sufrido una grave recesión humana, salvo el área de Madrid; los núcleos rurales se han ido despoblando en beneficio de las zonas industriales. Se da, con frecuencia, el latifundio.

c) El clima mediterráneo, con temperaturas suaves y cálidas, presenta escasos días de lluvia, siendo las precipitaciones torrenciales. Los veranos suelen ser áridos. Comprende el litoral mediterráneo. El otoño es la mejor estación del clima mediterráneo, a causa de que las temperaturas se mantienen aún cálidas, más altas que en primavera y, en cambio, la cantidad de agua recogida es mayor.

Presenta una gran densidad de población, agrupada en grandes ciudades y bellos pueblos antiguamente marineros y hoy volcados en lo que constituye su gran actividad: el turismo.

La huerta es su gran riqueza agrícola.

Preguntas:

1. ¿Es uniforme el clima de España?
2. ¿Cuál es el clima de su país?
3. ¿Cuáles son las características del clima mediterráneo?
4. ¿En qué zona de España se da el clima atlántico?
5. ¿Cómo se reparten las lluvias en España?

ESQUEMA GRAMATICAL 1

EL CONDICIONAL SIMPLE

Es un tiempo relativo, ya que su presencia implica la aparición de un tiempo pasado.

- Expresa acciones originadas en el pasado, pero orientadas siempre hacia el futuro. Es el futuro del pasado.

    «Dijeron que estudiarían el asunto».

- Expresa probabilidad referida al pasado.

    «Cuando llegó, serían las once».

- Expresa cortesía referido al presente.

    «¿Tendría una habitación doble?»

- El condicional es tiempo empleado, como su nombre indica, en la apódosis de las oraciones condicionales y en éstas la indicación del tiempo que expresa depende de la estructura oracional.

    «Si Juan se dedicara a los negocios, sería millonario».

EJERCICIO I. Póngase el verbo en condicional simple y dígase qué tipos de condición aparecen.

1. En la luna (poder) . . . . haber vida.
2. ¿(Querer) . . . . indicarme dónde está el enfermo?
3. Cuando llegaron, (ser) . . . . las doce.
4. Si hicieras deporte, (tener) . . . . mejor ánimo.
5. Dijo que (venir) . . . . ahora.
6. Al acabar la cena, (ser) . . . . las diez.
7. Si supieras lo ocurrido, te (alegrar) . . . .
8. Me (gustar) . . . . que contaras conmigo para la fiesta.
9. Si lloviera, no (ir) . . . . de excursión.
10. Dijeron que (inaugurar) . . . . la presa a fin de año.

ESQUEMA GRAMATICAL 2

PRETÉRITO INDEFINIDO/PRETÉRITO PERFECTO

- **Pretérito Indefinido:** expresa una acción completamente realizada. No hay ninguna relación con el hablante-presente.

    «Ayer, hace un año, anoche, una vez, el año pasado, la semana pasada estuve en París».

- **Pretérito Perfecto:** expresa una acción realizada en una unidad de tiempo que guarda relación con el hablante-presente.

    «Siempre, este año, aún, todavía, esta semana, hoy, ahora.»
    «Ayer estudió mucho _____ Hoy he estudiado mucho.»
    «Anoche llovió mucho _____ Esta noche ha llovido mucho»

- Cuando el tiempo psicológico es preponderante, puede utilizarse el pretérito indefinido por el pretérito perfecto y viceversa.

    «¡Ya acabé el trabajo! (hoy)».
    «Mi madre ha muerto el mes pasado».

EJERCICIO II. Ponga el verbo en el tiempo adecuado

1. Este año (llover) . . . . poco, pero el año pasado (llover) . . . . menos.
2. Ayer me (enterar) . . . . que tú (llegar) . . . . esta mañana, pero no (poder) . . . . esperarte porque (tener) . . . . una cita importante.
3. Tu padre (decirme) . . . . que tú (estar) . . . . en París, pero que pronto (venir) . . . .
4. Anoche el director (enfadarse) . . . . con los alumnos porque (celebrar) . . . . una asamblea.
5. Ahora (esperar) . . . . la noticia con ilusión, pues el año pasado (llevarme) . . . . un gran disgusto.

6. Hace un mes que (caerme) . . . . y todavía no (reponerme) . . . .
7. Los Reyes (llegar) . . . . a Santander dos horas después que el Presidente de Gobierno.
8. Esta mañana (bajar) . . . . al pueblo para hacer compras.
9. Esta tarde a primera hora (ver) . . . . un gran partido de baloncesto.
10. Ahora (decidir) . . . . irnos de excursión.

ESQUEMA GRAMATICAL 3

PRETÉRITO PLUSCUAMPERFECTO/PRETÉRITO ANTERIOR

- **Pretérito Pluscuamperfecto:** expresa anterioridad con relación a otra acción también pasada.

  «Cuando llegaron, ya habían terminado».

- Cuando el tiempo transcurrido entre las acciones es corto, empleamos: «enseguida que, luego que, apenas.»

  «Apenas había cenado, se acostó».

- **Pretérito Anterior:** expresa una acción pasada inmediatamente anterior a la otra, también pasada.

  «Cuando hubo terminado, se marchó».

* **El Pretérito Anterior** se utiliza muy poco en la expresión oral porque con los adverbios o locuciones adverbiales apenas, en cuanto, tan pronto como, etc., queda neutralizado por el Pretérito Pluscuamperfecto.

EJERCICIO III. Póngase el verbo en la forma adecuada del Pluscuamperfecto o Pretérito Anterior

1. Cuando me avisaron, yo ya (salir) . . . . de casa.
2. Se acostó cuando (anochecer) . . . .
3. Aunque (llover) . . . . , el suelo no estaba mojado.
4. Ellos sabían que él (aprobar) . . . . el examen.
5. Era la tercera vez que te (comentar) . . . . algo sobre él.
6. Empezó la película apenas (arreglar) . . . . la máquina de proyectar.
7. Llegué al aeropuerto cuando el avión (despegar) . . . .
8. Cuando (heredar) . . . . la empresa, sólo se preocupó de trabajar.
9. Una vez que (ellos) (desayunar) . . . . , se marcharon.
10. Habían estado en el gimnasio mientras (haber) . . . . gente.

167

ESQUEMA GRAMATICAL 4

FUTURO PERFECTO/CONDICIONAL COMPUESTO

- **Futuro Perfecto**: expresa acción concluida en el futuro, anterior, a su vez, a otra acción futura.
  «Cuando os despertéis, ya habremos pasado la sierra».

- Expresa la sorpresa y la probabilidad de una acción terminada en el pasado.
  «Supongo que habrán arreglado el televison».

- **Condicional Compuesto**: expresa acción futura respecto al pasado, pero anterior a otra acción.
  «Le dije que cuando recibiera el libro, ya habría transcurrido un mes».

- Expresa probabilidad en el pasado, pero indicando que la acción está concluida.
  «Por aquellas fechas, ya habría expuesto alguna vez.»

- Expresa una condición no realizada y se combina con el Pretérito Pluscuamperfecto de Subjuntivo.
  «Si hubieras llegado a tiempo, habrías participado en el juego».

EJERCICIO IV. Ponga el verbo en la forma adecuada del Futuro Perfecto o Condicional Compuesto

1. Creo que ellos (salir) . . . . de viaje.
2. ¿Él (llegar) . . . . ya?
3. Les dije que cuando les avisaran, ya (comprar) . . . . otro coche.
4. Si hubierais comprado la televisión (ver) . . . . los partidos del Mundial.
5. Creo que mañana ella (encontrar) . . . . pensión.
6. ¿No (tu) (traer) . . . . vino, por casualidad?
7. Cuando acabéis, yo ya (ducharme) . . . .
8. Si hubieran devaluado el dólar, nosotros (salir) . . . . beneficiados.
9. Por aquella época, ellos ya (trasladarse) . . . . a Madrid.
10. Supongo que ellos (estudiar) . . . . los pormenores del contrato.

EJERCICIO V. Conjugue el verbo entre paréntesis en el tiempo y modo más apropiado

«VISITANDO AL ENFERMO»

—. . . . . (haber) que ir a ver a Pepe. ¿No . . . . (ir) a ver a Pepe?

—. . . . . (ser)) verdad, ¡pobre! . . . . (haber) que ir a verle.

Y para no quedar fatal . . . . (decidirse) a visitar a Pepe. Pero, ¿a qué hora? Más discusiones sobre la que mejor . . . . (convenir) a ambos. Por fin . . . . (coincidir) en el momento libre. Las siete, eso . . . . (ser). «Te . . . . (recoger) a las siete menos cuarto e . . . . (ir) juntos». A esa misma hora varias parejas que ....(tener) el mismo escrúpulo de no haber ido a ver a Pepe ....(reunirse) en cualquier lugar de Madrid para cumplir con su obligación sentimental-social. Y así, doce amigos se ....(presentarse) juntos en la habitación de Pepe, llenándola de gritos y humo.

—¡Qué buen aspecto ....(tener)! ....(estar) estupendo—, ...(decir a coro).

Oyéndolos cualquiera ....(pensar) que su amigo, en circunstancias normales, ...(tener) una cara deplorable y que nunca ....(estar) mejor que al encontrarse metido entre sábanas.

—¡Qué suerte ....(tener), sinvergüenza! Aquí tú tan calentito y nosotros en la calle. No ....(saber) qué frío ....(hacer) por fuera. Y las enfermeras, ¿qué tal? ....(oír), ...(ver) una en el pasillo... Ah, bueno, ¿y qué ....(decir) el médico?

—Pues, el médico...— ....(principiar) el enfermo, que apenas ....(poder) pronunciar una palabra desde que ....(llegar).

—Claro, hombre, claro, lo que yo ....(pensar). A la calle en cuatro días. Te lo ....(decir) yo. Ahora que, en tu caso, yo ....(quedarse) unos días más. ¿Qué prisa ....(tener) en volver a la oficina?

Y así se ....(suceder) los minutos de la visita. Luego, entre golpecitos cariñosos y promesas de vuelta ....(ir) saliendo todos, y el enfermo ....(quedarse) solo, envuelto en un tremendo silencio.

(Fernando Díaz-Plaja, «Gente de la calle», en «El País», 21-11-1982.)

EXPRESIONES

Pasar de mano en mano.
Ir de mal en peor.
Caer en gracia.
Caer en desgracia.
Venir en ayuda.
En un abrir y cerrar de ojos.
En mi vida.
En otros términos.
En cuclillas.
En contra de mi voluntad.
En pleno día.

En plena lucha.
En alta mar.
En la mesa y en el juego se conoce al caballero.
Poner en la calle.
Tener en cuenta.
En casa del herrero, cuchillo de palo.
Mentar la soga en casa del ahorcado.
Bañarse en agua de rosas.
Poner en solfa.
Bailar en la cuerda floja.

EJERCICIO VI. Utilice la expresión más adecuada

1. Antes de tomar una decisión hay que .... los pros y los contras.
2. Si no dejas la droga, ...
3. Esto es maravilloso, ... he visto cosa tan bonita.
4. Varios botes de salvamento .... de los náufragos.
5. El accidente de coche ocurrió ....
6. Él se ha quedado sin trabajo, pues su jefe le ....
7. Aunque mi padre es electricista, la mayoría de los enchufes de nuestra casa están estropeados, ya sabes que ....
8. Mi hijo ha estudiado filosofía ....
9. Él era antes el ojito derecho del director, pero ahora ....
10. A pesar de la gran vigilancia el documento secreto ....

EJERCICIO DE ACENTUACIÓN

Dormia con la boca abierta cuando recogi sus ropas y las fui guardando en la valija, separe sin tocarlos los papeles, la medalla, el lapiz, el encendedor y el dinero que contenian los bolsillos. Apague la luz y sali, golpe a golpe la valija contra mi rodilla, calculando donde podria esconder o quemar las ropas, donde me seria posible encontrar a Stein para mentirle con mi silencio, para burlarme sin agresividad al pensar en todo aquello frente a su alegria, su inteligencia, la sucia avidez por la vida que le inquietaba. Me convenci de que era necesario no solo hallar a Stein, sino situarlo en la primera tentativa; en la cigarreria de la esquina del hotel fracase al consultar a Mami por telefono.

(Juan Carlos Onetti, «La vida breve»;
Ed. Argos Vergara, pág. 232.)

EL EBRO

Entre la cordillera Pirenaica, la cordillera Ibérica y las cordilleras costero-catalanas corre en dirección Norte-Sudeste el Ebro, regando la depresión de su nombre. Su cuenca, que se extiende por el Norte en forma de cuña hasta la cordillera Cantábrica, rebasa, no obstante, ampliamente los límites de la depresión estructural del Ebro. Por su cuenca (84.000 km²), por su longitud, 928 km y por su caudal (615 m³/seg. a su paso por Tortosa), es el segundo de los ríos españoles y uno de los mayores que tributan al Mare Nostrum.

Nace en Fontibre, cerca de Reinosa, en la provincia de Santander. Al este de Reinosa forma una zona pantanosa en la que el embalse de su nombre regula sus aguas y forma un extenso lago artificial. Al este de Miranda de Ebro penetra ya en la depresión que lleva su nombre y que recorrerá en casi toda su extensión hasta cruzar por un angosto paso la cordillera costero-catalana, poco antes de penetrar en la vega de Tortosa y de verter sus aguas en el Mediterráneo, después de formar un amplio delta de 320 km² que ha ido avanzando mar adentro a razón de 10 m por año.

(J. Vilá Valentí, «España»,
Ed. Danae, 1979.)

EL MAR, LA MAR

El mar. La mar.
El mar. ¡Sólo la mar!

¿Por qué me trajiste, padre, a la ciudad?
¿Por qué me desenterraste del mar?

En sueños, la marejada
me tira del corazón.
Se lo quisiera llevar.
Padre, ¿por qué me trajiste acá?

Si mi voz muriera en tierra,
llevadla al nivel del mar
y dejadla en la ribera.

Llevadla al nivel del mar
y nombradla capitana
de un blanco bajel de guerra.

¡Oh mi voz condecorada
con la insignia marinera:
sobre el corazón un ancla
y sobre el ancla una estrella
y sobre la estrella el viento
y sobre el viento la vela!

(De *Marinero en Tierra*,
Rafael Alberti.)

CANCIÓN DEL JINETE

Córdoba.
Lejana y sola.

Jaca negra, luna grande,
y aceitunas en mi alforja.
Aunque sepa los caminos
yo nunca llegaré a Córdoba.

Por el llano, por el viento,
jaca negra, luna roja.
La muerte me está mirando
desde las torres de Córdoba.

¡Ay qué camino tan largo!
¡Ay mi jaca valerosa!
¡Ay que la muerte me espera,
antes de llegar a Córdoba!

Córdoba.
Lejana y sola.

(Federico García Lorca.)

EL FÚTBOL

(...) Esto de la rivalidad regional es un asunto de ribetes fratricidas, con las raíces bien hundidas en los barros de la historia y que suele fundamentarse en los valores autóctonos y en el arte popular. Como se sabe, nada más pernicioso, con excepción de la gimnasia rítmica, que lo autóctono y lo folklórico, especialmente para involucrarlo con un fenómeno tan universal y artístico como el fútbol.

(...) El Madrid, no se olvide, es menos que un club, y el Barcelona, ya se sabe, es más que un club... El Barça, desde Felipe V, se ha visto obligado a ser más que un club. Gracias a la Real Sociedad, que en ocasiones se le nota que es un club playero, este año se enfrentarán Madrid y Barcelona en su condición de primeros clasificados. Ahí, y únicamente ahí, radica la posible emoción del encuentro y la más que probable ínfima calidad de juego que nos ofrecerán éstos más o menos. Pero cabe temer, vistos los antecedentes, que los demósofos del fútbol transformen el resultado en una muestra de superioridad racial.

Los individuos que amamos, admiramos y disfrutamos las ciudades de Barcelona y Madrid, que sabemos callejearlas y utilizar sus líneas de autobuses para ir a casa de los amigos, no podemos entrar en este jueguecito de la sardana contra el chotis. O nos negamos al provincianismo o, como jugador número doce, no vamos a oler cuero, cuando dentro de poco nos marquen el primero gentes tan

aparentemente distintas a nosotros como los chinos o los alemanes. Hay que entrenarse a no ser regionales, porque el Mundial está en puertas y para este Mundial ya hemos sido seleccionados como jugadores número doce. Por mucho que les cueste a sus forofos y por mucho que se defraude la afición en general, habrá que considerar que el Barcelona es un club y que el Madrid es un club.

(Juan García Hortelano, «Ni más, ni menos»,
«El País», 20-12-81.)

Preguntas:

1. ¿Es usted aficionado al deporte?
2. ¿Qué deporte practica?
3. Deporte o política.
4. La rivalidad deportiva, ¿es necesaria?
5. Según el texto, la rivalidad Real Madrid-Barcelona ¿es deportiva o política?

ESQUEMA GRAMATICAL 1

EL MODO SUBJUNTIVO

- Expresa la participación subjetiva del hablante. Es el modo de la irrealidad frente al indicativo que manifiesta la realidad.

- Los tiempos del subjuntivo suelen ir subordinados, integrados en oraciones compuestas.

    «Quizá me llame hoy».
    «Afirmó que quizá me llame hoy».

- Empleamos el subjuntivo si queremos expresar: duda, deseo, incertidumbre, emociones, sentimientos, ruego, exhortación.

    «Dudo de que venga».
    «No temas».
    «Vaya con atención».

- Empleamos el subjuntivo tras la expresión de un verbo de voluntad o deseo seguido de **que** enunciativo o de la interjección **ojalá.**

    «Quiero que comas».
    «¡Ojalá se marche!»

EJERCICIO I. Ponga el verbo en la forma adecuada

1. Le pedí que me (subir) . . . . el sueldo; ni me hizo caso.
2. Sentí mucho que os (marchar) . . . . enseguida.
3. Parece como si ella (estar) . . . . enfadada.
4. El viaje dependerá de lo que él (decidir) . . . .
5. Deseaba que su hijo (ser) . . . . piloto.
6. Sería inútil que tú lo (intentar) . . . .
7. No puede ser que ellos (acabar) . . . . tan pronto.
8. Salid para que no (vosotros) (oír) . . . . nada.
9. Confío en que ellos (atender) . . . . las indicaciones de la película.
10. Diga lo que él (decir) . . . . nunca llevará razón.

ESQUEMA GRAMATICAL 2

EL SUBJUNTIVO

PRESENTE

- Expresa tiempo presente y futuro.
    «Espero que te quedes».
    «Es posible que vaya mañana a tu casa».

- Las formas del presente precedidas del adverbio **no** toman valor de mandato.
    «No vengas».

- Las formas de primera persona del plural y tercera del singular y del plural se utilizan también como formas del imperativo.
    «¡Vengan todos!»

PRETÉRITO IMPERFECTO

- Temporalmente puede indicar presente, pasado y futuro dentro de unos límites muy amplios.
    «En este momento, si no te comprara caramelos, te enfadarías».

- Con los verbos querer, deber y poder toma el valor de cortesía.
    «Quisiera pedirle un favor».

- La aparición del imperfecto depende de la forma del verbo principal.
    «Me aconsejaron que estudiara».
    «Me aconsejaban que estudiara».
    «Me aconsejarían que viniera».
    «Me habían aconsejado que viniera».

EJERCICIO II. Ponga la forma adecuada

1. No esperábamos que (firmar) .... este año el tratado.
2. No sospeché que él (lanzarse) .... en paracaídas.
3. Aunque (molestarle) ...., tome la medicina.
4. No me habría imaginado que (saber) .... la verdad.
5. Sería necesario que (recordar) .... el pasado.
6. Te puse la televisión para que (ver) .... la retransmisión.
7. El miércoles podríamos quedar para que (analizar) .... la situación.
8. No creía que ellos (llegar) .... ya.
9. ¿Le pedirías que te (ayudar) ....?
10. Dudo que (poder) .... atravesar el Atlántico en tales circunstancias.

ESQUEMA GRAMATICAL 3

EL SUBJUNTIVO
PRETÉRITO PERFECTO
• Expresa una acción acabada, realizada en un tiempo pasado o futuro.   «Cuando hayas vuelto del viaje, avísame».
PRETÉRITO PLUSCUAMPERFECTO
• Expresa acción acabada, realizada en un tiempo pasado para el hablante.   «Si hubieras salido a tiempo, no te habría ocurrido lo que te ocurrió».   • La aparición del Pluscuamperfecto depende de la forma del verbo principal.   «No pensaba que hubiera/se podido llegar».

EJERCICIO III. Ponga el verbo en la forma adecuada

1. Habrían conseguido el triunfo si (asimilar) .... las consignas del entrenador.
2. Aunque ellos (vencer) ...., la moral está muy alta.
3. Actúa como si (ser) .... la reina del lugar.
4. Aunque me lo (pedir) ...., no se lo resolvería.
5. No creía que la situación (empeorar) .... tanto en estos últimos días.
6. Apenas me (instalar) .... en el hotel, bajaré a saludarte.
7. No desearía que ellos (encontrar) .... las mismas dificultades que yo.
8. Por mi gusto, yo (estudiar) .... Derecho.
9. No me importa quien lo (decir) ....
10. Es posible que la situación (cambiar) ....

ESQUEMA GRAMATICAL 4

CORRESPONDENCIA DE LOS TIEMPOS DEL MODO SUBJUNTIVO CON LOS DEL INDICATIVO		
	INDICATIVO	**SUBJUNTIVO**
Creo que...	viene Juan vendrá Juan	No creo que venga Juan
Creo que...	ha venido Juan habrá venido Juan	No creo que haya venido Juan.
Creí que... Creía que...	llegaba Juan llegaría Juan	No creí que... No creía que... llegara Juan llegase Juan
Creo que...	llegó Juan	No creo que...
Creía que	había llegado Juan habría llegado Juan	No creía que... hubiera llegado hubiese llegado
del «Esbozo de una Nueva Gramática de la Lengua Española»		

EJERCICIO IV. Conjugue el verbo entre paréntesis en el tiempo y modo más apropiado

Desde que .... (tener) uso de razón el pobre Fernando no .... (oír) en su casa otra cosa sino hablar de la tía Adela la millonaria.

—Cuando ella .... (morir) tú .... (ser) el heredero de todos sus millones que .... (ser) muchos —le .... (susurrar) la primera vez que le .... (llevar) a verla a su palacio de la Castellana. .... (ser) un crío de unos cinco años y .... (salir) deslumbrado de tan lujosa mansión. Todo lo .... (mirar) asustado el pobre hijo.

—¿........... (preocuparse) de educarle en el santo temor de Dios? —les .... (preguntar) a sus padres tía Adela.

—Sí —........... (responder) la madre del niño.

—Que lo importante .... (ser) que .... (salvar) su alma.

—Claro, claro —........... (reforzar) el padre adulón.

Le .... (hacer) una carantoña al chico y le .... (dar) cinco duros.

—........... le (comprar) una hucha y que .... (aprender) a ahorrar.

Y se la .... (comprar). El chico .... (venir) grandullón y lo primero que .... (aprender) de los amigos golfillos con los que se .... (reunirse) .... (ser) a fumarse todas las colillas que .... (encontrar).

—Porque el día que .... (morir) tu tía Adela todos los millones de ella .... (ser) para ti.

Pero se lo .... (repetir) tanto su madre y su padre que el crío un día .... (exclamar):

—Pues no .... (saber) que .... (hacer) que no se .... (morir).

—Eso, aunque lo ....(pensar) no ....(deber) salir de tu boca —le ....(reprender) el padre
el chico se .... (irse) a la calle a seguir buscando colillas.

(Juan A. de Zunzunegui, «Murió en un córner».
Antología del premio «Huchas de Oro», «Los mejores Cuentos», pág. 77.)

EJERCICIO DE ENTONACIÓN

Fernando: (Triste) ¡Mariana!, ¿no quieres que hable contigo? ¡Dime!

Mariana: ¡Pedro! ¿Dónde está Pedro? ¡Dejadlo entrar, por Dios! ¡Está abajo, en la puerta! ¡Tiene que estar! ¡Que suba! Tu viniste con él, ¿verdad? Tú eres muy bueno. Él vendrá muy cansado, pero entrará enseguida.

Fernando: Vengo solo, Mariana. ¿Qué sé yo de don Pedro?

Mariana: ¡Todos deben saber, pero ninguno sabe! Entonces, ¿cuándo viene para salvar mi vida? ¿Cuándo viene a morir, si la muerte me acecha? ¿Vendrá? Dime, Fernando. ¡Aún es hora!

Fernando: (Enérgico y desesperado, al ver la actitud de Mariana). Don Pedro no vendrá, porque nunca te quiso, Marianita. Ya estará en Inglaterra con otros liberales. Te abandonaron todos tus antiguos amigos. Solamente mi joven corazón te acompaña ¡Mariana! ¡Aprende y mira cómo te estoy queriendo!

(Federico García Lorca, *Mariana Pineda*, Ed. Aguilar. Obras completas, Tomo II, pág. 222.)

SEMANA SANTA EN SEVILLA

Semana Grande, y diferente, en cada una de las Españas. «La Semana Santa de Sevilla es el paganismo bautizado» —concepto válido para todas las semanas santas andaluzas—, donde al paso de las imágenes se cantan saetas por martinetes. La Semana Santa se vive y se siente, porque los hombres pertenecen a alguna Cofradía y porque el pueblo se lanza a la calle para ver, oír y rezar.

Es un espectáculo inacabable: años y años y siempre es distinta; no es lo mismo sentado en la carrera oficial que asistir a la salida de los pasos en ese alarde de potencia, ligereza y sacrificio de los costaleros, para que los varales no rocen con la piedra del pórtico; o contemplar los pasos en el revolver de una calleja típica, al cruzar sobre un puente, al reflejarse en el agua, al caminar debajo de un arquillo, con un fondo de rejas y ventanas, de jardines, de palmeras, de murallas o cuando una Virgen es mecida al llegar a su templo. Años y años y siempre será el primer día.

La atmósfera se carga de olor a primavera, a incienso, a cera, a azahar, y desde el Domingo de Ramos hasta el Sábado Santo hacen estación de penitencia en la Catedral cincuenta y dos cofradías —las más antiguas del siglo XVI, las más modernas de 1955 y 1956— que portan 100 pasos, de los cuales 43 son Vírgenes con palio, 2 sin palio, 31 pasos de misterio, 15 crucificados y 9 nazarenos.

(Manuel Bendala Lucot, «Sevilla», Ed. Everest.)

LA SAETA

¿Quién me presta una escalera
para subir al madero,
para quitarle los clavos
a Jesús el Nazareno?

(Saeta popular)

¡Oh, la saeta, al cantar
al Cristo de los gitanos,
siempre con sangre en las manos,
siempre por desenclavar!

¡Cantar del pueblo andaluz,
que todas las primaveras
anda pidiendo escaleras
para subir a la cruz!

¡Cantar de la tierra mía,
que echa flores
al Jesús de la agonía,
y es la fe de mis mayores!

¡Oh, no eres tú mi cantar!
¡No puedo cantar, ni quiero
a ese Jesús del madero,
sino al que anduvo en el mar!

(Antonio Machado, *Antología Poética,*
Ed. Salvat, pág. 128.)

LECCIÓN 20
PRENSA Y POLÍTICA

El auge de las publicaciones semanales comienza con el deshielo del franquismo. Abre el fuego «Cambio 16», que había comenzado siendo una revista más bien dedicada a los temas económicos y que congregó en torno a ella a una serie de profesionales yo diría con vocación administrativa y política. De tal modo que forma un inicial grupo de presión que tiene muy clara la posible evolución del sistema y que, además, piensa jugar políticamente en este cambio y de forma inmediata. «Cambio 16» inaugura un lenguaje y lleva a sus páginas el morbo de un mundo aún no legalizado, pero ya presente en la vida pública no tan clandestinamente. Este morbo podía consistir en dar cuenta de una charla de segundos entre Pío Cabanillas y la mujer de Camacho, entonces en la cárcel. Naturalmente, había análisis de la situación política, la coyuntura económica. Pero lo que le presta interés, a mi entender, es el entrar en esta morbosa vida política que otras publicaciones semanales o diarias no tocan. Los evidentes deseos de entrar pronto en el juego político hacen cometer algunos errores de trayectoria a la revista, que en determinados momentos llegó a apostar por Arias Navarro como posible liberalizador. Entretanto, el público, en buena parte de izquierda, no advierte el verdadero signo político de la revista, ya que en el franquismo todos los gatos son pardos. La gente tiene tantas ganas de democracia que no va más allá en su análisis como lector.

«Cambio 16» y «Cuadernos» han sido las dos publicaciones semanales más políticas, en el sentido de que sus equipos han tenido como meta la actividad política. Con una diferencia: los de «Cambio 16» han llegado al gobierno ya, y los de «Cuadernos» siguen en la oposición.

En seguida, en unos años, los quioscos se poblaron de nuevos títulos, hasta el punto de que España, aún en el franquismo, se convirtió en el país más rico en títulos de publicaciones semanales yo diría de todo el mundo. Lo cual es un contrasentido, ya que el público apenas se amplió. Pero se da el fenómeno de que la curiosidad y el interés políticos llevaban a muchos lectores a comprar semanalmente cuatro o cinco publicaciones.

Preguntas:

1. ¿Cuál es el papel de la prensa?
2. ¿Las revistas especializadas son importantes de cara a la opinión pública?
3. ¿Cuál es la revista política más influyente en su país?
4. ¿Por qué?
5. ¿Qué opinión le merece la prensa española?

ESQUEMA GRAMATICAL 1

USOS DEL IMPERATIVO

- Expresa ruego, mandato, intensificación de la exhortación.
  «¡Salid de aquí!»

- Las formas de la primera persona del plural y tercera del singular y plural, aunque expresan órdenes, no pertenecen al imperativo, sino al presente de subjuntivo.
  «¡Salgamos!»
  «¡Salga Ud.!»
  «¡Salgan Uds.!»

- No tiene primera persona del singular.

- En la negación, el imperativo utiliza las formas del presente de subjuntivo.
  «¡Salid!».........................«¡No salgáis!»

- El infinitivo precedido de la preposición $\boxed{a}$ adquiere valor de imperativo.
  «¡A salir!».

- No es correcto usar el infinitivo por el imperativo.
  «¡Callar!»...................«¡Callad!»

EJERCICIO I. Emplee la forma adecuada. Forme la forma negativa del imperativo

(Hablar) .... vosotros.
— *¡Hablad!*
— *No habléis.*

1. (Ir) .... tú al cine mañana.
   — ....
2. (Andar) ....(vosotros) con cuidado.
   — ....
3. (Salir) .... (él) por esta puerta.
   — ....
4. (Venir) .... (vosotros). Estáis castigados.
   — ....
5. (Beber) .... (ellos) hasta emborracharse.
   — ....
6. (Escuchar) .... (vosotros). Es interesante.
   — ....
7. (Decir) .... (tú) todo lo que sabes.
   — ....
8. (Entrar) .... (ellos) despacio.
   — ....
9. (Subir) .... (Ud.) primero.
   — ....
10. (Bajar) .... (Uds.) pronto.
    — ....

ESQUEMA GRAMATICAL 2

USOS DE SE

- Pronombre personal.
  > «Entregó el **libro** a **Juan** — **Se** lo entregó (a él).»   «(A Juan) **se** lo entregó.»

  > «Ve a entregarle (a Juan) el paquete — Ve a entregár**se**lo.»

- Pronombre reflexivo.
  El sujeto a la vez ejecuta y recibe la acción del verbo.
  > «Pedro **se** lava (lavarse).»

  El sujeto no ejecuta directamente la acción, sino que interviene en la acción que otro realiza.
  > «Pedro **se** construyó un chalet».

- Pronombre recíproco.
  Los sujetos ejecutan y reciben la acción.
  > «Pedro y Juan **se** cartean».

- Pasiva refleja.
  > **«Se** alquilan habitaciones».

- Forma impersonal.
  Cuando se omite el sujeto.
  > **«Se** dice...»
  > **«Se** cuenta...»

EJERCICIO II. Siga el modelo

Juan prestó el coche a Pedro.   — *Se lo prestó.*

1. El profesor corrige la traducción
   a los alumnos.   — ....
2. Ven y explica a papá lo que has hecho. — ....
3. Enseña la casa a los invitados.   — ....
4. Ve y di a mamá que estoy en el coche. — ....
5. Explica la lección a sus compañeros. — ....
6. Pon las botas al niño.   — ....
7. Enseña a tu amigo los regalos de Reyes. — ....
8. Lee los acuerdos a los compañeros.   — ....
9. Aplicad el descuento a los alumnos.   — ....
10. Decid a todos lo que ha ocurrido.   — ....

EJERCICIO III. Siga los modelos, según convenga

La lección fue explicada a los niños. — *Se explicó la lección a los niños.*

En invierno, me lavo con agua caliente. — *En invierno, se lava con agua caliente*

1. La noticia fue divulgada por la radio. — ....
2. Las casas fueron construidas con dinero del Estado. — ....
3. Me quito el sombrero en cuanto entremos. — ....
4. Nos vamos en el tren de París. — ....
5. Los embajadores son recibidos en el Palacio Real. — ....
6. Me pongo las botas los días de lluvia. — ....
7. Nos quedamos en casa viendo la televisión. — ....
8. El presidente fue elegido por aclamación popular. — ....
9. Me canso de esperar tanto tiempo. — ....
10. Los viajeros fueron atendidos en la estación. — ....

ESQUEMA GRAMATICAL 3

RAÍCES SUFIJAS

-algia:	«dolor»	-fonía, -fono:	«sonido»
-cefalia, -céfalo:	«cabeza»	-grafía, -grafo:	«trazado, escritura»
-cracia, -crata:	«gobierno»	-iatría, -iatra:	«medicina»
-cronía:	«tiempo»	-logía, -logo:	«estudio»
-filia, -filo:	«amistad»	-tomía:	«división»
-fobia, -fobo:	«enemistad»	-zoo:	«animal»

ABREVIATURAS MÁS USADAS

Admón.	Administración	**Dr.**	Doctor
Afmo.	Afectísimo	**Dr.ª**	Doctora
Art.	Artículo	**Dcha.**	Derecha
C/c., cta., cte.	Cuenta corriente	**Ema.**	Eminencia
Cía.	Compañía	**Exc.ª**	Excelencia
D.	Don	**Excmo., Excma.**	Excelentísimo, Excelentísima
D.ª	Doña	**Fol.**	Folio
Descto.	Descuento	**Gral.**	General

Ilmo., Ilma.	Ilustrísimo, Ilustrísima	Ptas.	Pesetas
Imp.	Imprenta	Sr.	Señor
Izq.	Izquierdo	Sr.ª	Señora
Lic.	Licenciado	Srt.ª	Señorita
Pág.	Página	S.L.	Sociedad Limitada
P. ej.	Por ejemplo	Ud.	Usted
Prof.	Profesor	Uds.	Ustedes
Pról.	Prólogo	V.º B.º	Visto Bueno
		Vol.	Volumen

EJERCICIO DE PUNTUACIÓN

Mi familia pertenecía a la clase intelectual húngara mi madre era directora de un seminario femenino donde se educaba la élite de una ciudad famosa cuyo nombre no quiero decirle cuando llegó la época turbia de la posguerra con el desquiciamiento de tronos clases sociales y fortunas yo no sabía qué rumbo tomar en la vida mi familia quedó sin fortuna víctima de las fronteras del Trianón como otros miles y miles mi belleza mi juventud y mi educación no me permitían convertirme en una humilde dactilógrafa surgió entonces en mi vida el príncipe encantador un aristócrata del alto mundo cosmopolita de los «resorts» europeos me casé con él con toda la ilusión de la juventud a pesar de la oposición de mi familia por ser yo tan joven y él extranjero.

(Julio Cortázar, *Rayuela*,
Ed. Edhasa, pág. 535.)

LA PRENSA SENSACIONALISTA

La publicación que ha llevado esta técnica hasta sus límites ha sido «Interviú». Junto a Umbral o Vázquez Montalbán figuraron desde el principio columnistas como Yale, Martín-Ferrand; luego Emilio Romero, Vizcaíno Casas. ...Claro, en el caso de esta publicación el montaje no termina aquí. Esto es la cobertura de un producto que responde a las exigencias más rigurosas de lo que en los libros de texto sobre información se califica como periodismo amarillo. Sexo, sensacionalismo, sangre. Todas las eses posibles del mundo en una sola publicación al precio de cualquier otra...

El caso de «Interviú» es insólito en Europa, en cualquier país civilizado, bien conformado moralmente, bien dotado estéticamente... De hecho, no ha existido, quiero decir un producto de esta índole, con tal aceptación por parte del mundo político, profesional, universitario... Para mí, la aceptación de una revista que ha recurrido a montajes escandalosos, a falsedades, a la grosería sistemática, a la plebeyez, y que, siendo esto así obtiene una aceptación en el mercado por parte de la llamada clase política, que no tiene reparos en expresarse a través de ella e incluso a dilucidar importantes temas políticos a través de sus páginas, me lleva a una consideración: la bisoñez de nuestros profesionales, la escasa sensibilidad moral y estética de nuestros dirigentes políticos en el poder y fuera del poder.

(César Alonso de los Ríos:
«Semanarios: ¿para qué?».)

INTELIJENCIA

¡Intelijencia, dame
el nombre exacto de las cosas!
...Que mi palabra sea
la cosa misma,
creada por mi alma nuevamente.
Que por mí vayan todos,
los que no las conocen, a las cosas;
que por mí vayan todos
los que ya las olvidan, a las cosas;
que por mí vayan todos
los mismos que las aman, a las cosas...

¡Intelijencia, dame
el nombre exacto, y tuyo,
y suyo, y mío, de las cosas!

(Juan Ramón Jiménez.)

LLAMO A LOS POETAS

Entre todos vosotros, con Vicente Aleixandre
y con Pablo Neruda tomo silla en tierra:
tal vez porque he sentido su corazón cercano
cerca de mí, casi rozando el mío.

Alberti, Altolaguirre, Cernuda, Prados, Garfias,
Machado, Juan Ramón, León Felipe, Aparicio,
Oliver, Plaja, hablemos de aquello a que aspiramos:
por lo que enloquecemos lentamente.

Hablemos del trabajo, del amor sobre todo,
donde la telaraña y el alacrán no habitan.
Hoy quiero abandonarme tratando con vosotros
de la buena semilla de la tierra.

Si queréis, nadaremos antes en esa alberca,
en ese mar que anhela transparentar los cuerpos.
Veré si hablamos luego con la verdad del agua,
que aclara el labio de los que han mentido.

(Miguel Hernández.)

LECCIÓN 21
LA FIESTA DE TOROS

Las ferias taurinas de Madrid, Sevilla, en la Península y las de México, Caracas, en Hispanoamérica, pueden ser un buen botón de muestra de la afición hispana al toro, a la *fiesta* por antonomasia.

En España la lucha del hombre frente al toro data de su más remota antigüedad, pero fue en el siglo XVIII cuando la fiesta pasó definitivamente al pueblo y en él se fijaron las actuales reglas de la

A las cinco en punto de la tarde, el presidente da la señal de entrada de las cuadrillas al ruedo o albero, en cabeza entran dos alguaciles a caballo, que despejan la plaza, después los maestros o espadas, generalmente son tres los que componen el cartel —terna— de los que el más antiguo en orden de alternativa ocupa la posición derecha en el paseíllo, el más joven, el centro y el segundo en antigüedad, la

fiesta. No hay feria por pequeña que sea ni día festivo significativo, desde la primavera al otoño, que no incorporen a sus festejos las corridas de toros, tanto en los pequeños como en los grandes núcleos urbanos.

Las novilladas, en las que los toros no sobrepasan los tres años y en las que los toreros (novilleros) no han tomado aún la alternativa, como las corridas tienen lugar en la plaza, coso, que distribuye su aforo en localidades delanteras, palcos, gradas y tendidos, y comienzan puntualmente a la hora taurina de las cinco de la tarde.

izquierda; detrás de ellos, sus respectivas cuadrillas (peón de confianza, banderilleros), seguidos de los picadores a caballo y de los monosabios; en último lugar, aparecen las cuadrillas de mulas que se han de encargar del arrastre de los toros camino del desolladero. El desfile acaba con el saludo al presidente y el cambio que los toreros realizan del capote del paseíllo por el de brega. El presidente de la corrida lanza al alguacil, a requerimiento de éste, la llave del toril para que el toro que abre plaza salga tras el toque de clarines y timbales. El toro porta en sus costillares la divisa, cintas representativas de la ganadería a la que pertenece.

El toro, a su entrada en el ruedo y tras esperar sus derrotes, es recibido con el capote (verónicas) para adecuarlo a las siguientes fases de la lidia: tercio o suerte de varas, tercio de banderillas y, por último, la suerte suprema, la del tercio de muerte, en la que el maestro, provisto de la muleta, ha de desarrollar su talento artístico y seriedad ante la faena que culmina con la muerte del toro. El inicio de este último tercio de la lidia viene marcado por el brindis, con permiso de la presidencia, en el que el torero brinda la muerte del toro. Si el torero ha realizado una faena meritoria, el público pedirá como premio la oreja del animal (trofeo) que el presidente de la corrida ha de conceder.

Preguntas:

1. ¿Qué opinión le merecen las corridas de toros?
2. ¿Están las corridas de toros muy extendidas por el mundo hispano?
3. El origen de la fiesta de los toros ¿es antiguo o moderno?
4. ¿En qué se diferencian las novilladas de las corridas de toros?
5. ¿Es el toro un animal bravo?

ESQUEMA GRAMATICAL 1

VERBOS + PREPOSICIÓN		
A	**CON**	**DE**
adaptar (se)	acabar	acordarse
adherirse	acordar	acusar
afectar	comenzar	constar
aficionar (se)	contar	defender (se)
aprender	continuar	diferenciar (se)
comenzar	cumplir	fiarse
empezar	empezar	informar (se)
ir	enfadarse	hablar
jugar	entenderse	ocuparse
llegar	hablar	padecer
obligar	romper	preocuparse
ponerse	pactar	proteger (se)
referirse	terminar	reclamar
renunciar		sacar
volver		salir
		sufrir
		tratar
		tratarse

VERBOS + PREPOSICIÓN		
EN	**POR**	**SOBRE**
ahondar	atravesar	discutir
basarse	cambiar	escribir
confiar	comprar	hablar
creer	enfadarse	informar (se)
entrar	estar	triunfar
esforzarse	hablar	
especializarse	interesarse	
exceder	luchar	
hablar	pasar	
pensar	preguntar	
profundizar	tomar	
	vender	

EJERCICIO I. Utilice la preposición apropiada

1. Él me ha vendido el libro . . . . cien pesetas.
2. Espero que volvamos . . . . vernos pronto.
3. Quiero hablar . . . . vosotros . . . . este asunto.
4. La comida ya está preparada. Podemos empezar . . . . comer.
5. ¿ . . . . qué te basas para defender su inocencia?
6. No te olvides . . . . apagar la luz cuando salgas . . . . casa.
7. No me acuerdo . . . . lo que pasó. Tengo muy mala memoria.
8. Mi abuelo padece . . . . corazón.
9. Esta obra consta . . . . dos partes.
10. Él se ha aficionado . . . . la fotografía.

EJERCICIO II. Utilice el verbo más apropiado

(renunciar, padecer, esforzarse, reclamar, terminar, entrar, ir, obligar, preguntar, atravesar, tratar, profundizar, acusar, contar.)

1. Gran parte de la humanidad . . . . hambre y habría que . . . . los gobiernos de las grandes potencias una mayor solidaridad con los países tercermundistas.

2. Tenemos que . . . . este problema para . . . . buscar una solución rápida, pero para ello hay que . . . . la colaboración de todas las fuerzas políticas.

3. Tanto los empresarios como los sindicatos . . . . llegar a un acuerdo satisfactorio para poder solucionar la difícil situación económica . . . . la que . . . . el país.

4. La oposición . . . . ayer al gobierno . . . . realizar una política partidista y le . . . . las medidas que . . . . tomar en el futuro para poder . . . . el paro que afecta ya a un 15 % de la población trabajadora.

5. Ayer . . . . vigor la nueva ley de incompatibilidades que . . . . a los diputados . . . . dedicarse plenamente a la política y . . . . cualquier otro trabajo remunerado.

ESQUEMA GRAMATICAL 2

LOS NUMERALES

1. **Cardinales y ordinales:**
   - Los ordinales (primero, segundo, tercero...) no pueden ser sustituidos por los cardinales (uno, dos, tres...) hasta el noveno incluido.
     «En la primera sesión hubo poca gente».

   - A partir del décimo pueden emplearse los cardinales en lugar de los ordinales. En este caso, es preferible la anteposición.
     «Capítulo duodécimo» / «Capítulo doce».
     «El veintiocho festival internacional».

2. **Partitivos:**
   - Indican la parte de un todo: 1/2, un medio; 1/3, un tercio; 1/4, un cuarto; 1/5, un quinto, etc.
     «Quiero un cuarto de kilo de queso».
     «Un tercio de la clase participó en la excursión».

   - Es frecuente el uso de las perífrasis: «la mitad de», «la tercera parte de», «la cuarta parte de», etc.
     «Me han descontado la cuarta parte del sueldo».

3. **Multiplicativos:**
   - Indican idea de colectividad en una cantidad determinada: «doble», «triple», «cuádruple», etc.
     «Tenía tanta hambre que he comido doble ración de pollo».

   - Son mucho más frecuentes las perífrasis:
     «dos
     tres   veces mayor/más que...»
     cuatro
     «Él trabaja cuatro veces más que tú».

4. **Sustantivos colectivos relacionados con los números:**
   a) Sin especificar: «unidad», «par/pareja», «trío», «decena», «docena», «centena/centenar», «millar», «millón», «billón».

«Un millar de personas se manifestó contra el paro».

b) Grupos de años: «bienio», «trienio», «cuatrienio», «quinquenio», «lustro», «decenio», «siglo», «milenio».

«En el último decenio se han hecho grandes progresos en este campo».

EJERCICIO III. Utilice el numeral apropiado

1. Esta iglesia se empezó a construir en el siglo . . . . (IX).
2. El niño se comió . . . . (1/2) naranja.
3. Un . . . . (1/3) de los trabajadores están en contra de la huelga.
4. Más de un . . . . (1.000) de personas partiparon en la manifestación.
5. Ella es la . . . . (1.ª) de la clase.
6. Alfonso . . . . (VI) sufrió en 1083 una gran derrota frente a los almorávides.
7. Quiero comprarme un bolso y un . . . . (2) de zapatos.
8. ¿Cuánto cuesta . . . . (1/2) kilo de pasteles?
9. Compra . . . . (3/4) de carne de ternera.
10. La oficina está en el . . . . (5.º) piso . . . . (4.ª) puerta.

RECUERDE

Adjetivos gentilicios:

Designan a los habitantes de un país, de una ciudad o región, grupos raciales, políticos, religiosos...:

- **-aco:** polaco, austríaco.
- **-án:** catalán, alemán, musulmán.
- **-ano:** asturiano, italiano, cristiano.
- **-eno:** chileno, sarraceno.
- **-ense:** almeriense, tarraconense.
- **-eño:** madrileño, puertorriqueño.
- **-és:** inglés, japonés.

- **-í:** marroquí, iraní.
- **-io:** canario, sirio.
- **-ino:** neoyorquino, alicantino.
- **-ita:** israelita, sefardita.
- **-ol:** español, mongol.
- **-ota:** chipriota, cairota.
- **-ú:** bantú, hindú.

ATENCIÓN

Algunos nombres de países y ciudades en español.

Munich (München)
Tejas (Texas)
Nueva York   (New York)
Milán   (Milano)

Londres   (London)
Inglaterra   (England)
Friburgo   (Freiburg)
Túnez   (Tunicia)

EJERCICIO IV. Forme el adjetivo gentilicio

1. Los carnavales .... (Brasil) son célebres en el mundo entero.
2. El gobierno .... (Marruecos) espera llegar a un acuerdo con los representantes ....
.... (Sáhara).
3. Muchos .... (Mahoma) acuden todos los años a la Meça para rezar.
4. La cerámica .... (Almería) utiliza unos colores muy vivos.
5. La vida .... (New York) es muy alegre.
6. Los primeros .... (Cristo) vivían en catacumbas.
7. Los tomates .... (Canarias) son pequeños, pero muy dulces.
8. Tengo muchos amigos .... (Panamá).
9. ¿Te gusta la jota .... (Aragón)?
10. Las autoridades .... (Moscú) aún no han hecho ninguna declaración oficial sobre este asunto.

┌─── ATENCIÓN ────────────────────────────────────

Regularización de nombres extranjeros.

	Pronunciación	Plural
Film	Filme	filmes
Cabaret	Cabaré	cabarés
Chalet	Chalé	chalés
Carnet	Carné	carnés
Complot	Compló	complós
Cock-tail	Cóctel	cócteles
Clown	Clon	clones
Slogan	Eslogan	eslóganes

EJERCICIO V. Utilice los siguientes sustantivos:

carné, cóctel, eslogan, chalé, cabaré, compló, clon, güisqui, filme

1. Para viajar por varios países europeos sólo es necesario el .... de identidad.
2. Ellos pasan los fines de semana en el .... que tienen en la sierra.
3. Se ha descubierto un .... militar para derrocar al gobierno legalmente establecido.
4. Él conoció a su mujer en un .... que dio la embajada alemana.
5. En París fuimos a un .... famoso por sus variedades musicales.
6. Los partidos políticos utilizan muchos .... en sus campañas electorales.
7. Charlie Rivel es un .... mundialmente famoso.

8. Por favor, sírvame un .... con hielo.

9. Estuvimos viendo unos .... muy interesantes de Buñuel.

10. El pasado fin de semana hicimos noche en el .... de la sierra.

QUE

Plato granadino

Moraga de sardinas

(para doce sardinas grandes)
Doce sardinas grandes; un vaso (de los de vino) de aceite; un vaso (de los de vino), no muy lleno, de vino blanco; un diente de ajo, grandecito, picado; una cucharada sopera biene llena de perejil picado; sal.

SIMONE ORTEGA

En el vaso de aceite se echa un ajo muy picado y el perejil para que macere un buen rato. Se limpian bien las sardinas, descamándolas y descabezándolas. Una vez lavadas y bien secas con un paño limpio se colocan en una fuente de barro resistente al fuego. Se vierte el aceite y se reparte el ajo y el perejil. Se rocían con el vino, se salan con moderación y se ponen en el fuego. Cuando el líquido empieza a cocer se dejan unos doce o catorce minutos y se sirven enseguida.

NOTA

Entre el fuego y la fuente de barro hay que poner un redondel de metal especial para esto, y para los cristales Pyrex y otras marcas, llamadas resistentes al fuego.

RESTAURANTES

El Magreb en Madrid

Al Mounia, Recoletos, 5, Madrid. Teléfono (91) 275 01 73. Cerrado domingos, lunes a mediodía y en agosto. De 1.500 a 2.300 pesetas. Tarjetas de crédito: American Express Diners.

FERNANDO POINT

Varias de las más grandes cocinas del mundo están muy pobremente representadas en el panorama de los restaurantes madrileños: la francesa, la china, la italiana. Algunas otras cocinas más exóticas tienen, en cambio, una presencia muy digna en la ciudad. Una de ellas es la marroquí —o, en términos más generales, la magrebí—, y son muchos los aficionados que consideran el Al Mounia como el mejor restaurante extranjero de Madrid. Puede que tengan razón.

La preciosa y barroca decoración, obra de artesanos marroquíes, es en esta casa un ingrediente más de esa cocina tan íntimamente ligada a la española, pero que tiene sobre ésta —sobre sus formas más tradicionales, en particular— una sensible ventaja: la de la delicadeza. Por ello, un comensal español se siente, a la vez, cómodo y sutilmente sorprendido por los platos llegados del otro lado del Estrecho.

No se suele traspasar, en Al Mounia, la barrera que separa lo sutil de lo soso; si acaso, en algún **tagine** (guiso de cordero). Pero lo demás es auténticamente sabroso y satisfactorio: los pasteles y hojaldres de carne, para empezar, como la dulce **b'stela** o el **brick;** o una **chukchuka,** que es un pisto con cominos. Junto a los **tagines,** las distintas versiones de **couscous** y el **cocido** norteafricano, que tantos adeptos tiene, son los más populares de entre los platos principales. Para un mínimo de seis personas se puede —se debe— encargar un **méchoui,** tiernísimo cordero asado. Hay un excelente pan casero con anises, buen té con hierbabuena y una deliciosa y engordante colección de dulces moros, cargados de almendras y miel. Los vinos son pocos, caros y poco interesantes.

35 – De Santander a Burgos

Ferrocarril: No existe línea directa de Santander a Burgos, por tanto, es preferible hacer este trayecto en autobús (líneas regulares).
Carretera: 156 km; carretera excelente, con curvas hasta (60 km) el Puerto del Escudo (1.010 m) y pasado éste transcurre sobre una alta meseta profundamente trabajada por el Ebro y sus afluentes: **∗ carretera muy pintoresca** a partir de (93 km) Escalada y durante algunos km. Más allá del puerto de (113 km) Páramo de Mesa (alt. 1.050 m) carretera sin curvas, a través de la árida meseta castellana.

Salida de Santander por la carretera de Burgos (Pl. A1 o A3)
30 km: **Puente Viesgo** (2.686 hab.; alt. 71 m; hot.), pequeña estación veraniega con un bonito emplazamiento en el Valle del Pas; hacia la dr. a **1,5** km **∗ Cuevas del Castillo y de la Pasiéga.**

Horas de visita: de 10 a 13 h y de 15,30 h a 19 h (18 h en invierno).

La Cueva del Castillo. Con pinturas de época magdaleniense (subperíodo del paleolítico superior, entre 14.000 y 9.500, por todas partes menos en la entrada: bisontes, caballos, ciervos y toros, policromados en rojo y negro, utilizando intencionadamente algunas veces, el relieve de la roca para obtener efectos de volumen igual que en Altamira. También se pueden ver dibujos de manos o de motivos geométricos.
La Cueva de la Pasiega, vecina a la anterior, fue descubierta en 1911 por *H. Obermaier,* que la exploró en compañía del *Abate Breuil* y de *Alcalde del Río.* Sus galerías forman un verdadero laberinto, con peligrosas simas. Se pueden ver **pinturas** análogas en cuanto al tema (animales), pero diferentes en cuanto a los colores (rojo vivo, rojo violáceo, marrón y negro) y a la técnica (trazos continuos, punteados, figuras con contorno, sin él, de colores entonados según la intensidad, medias tintas), en cuanto al empleo de la policromía; escasos grabados, sobre todo de **caballos de época auriñaciense** (principio del paleolítico superior).

42 km: **Ontaneda y Alceda** (hot.), pueblos y estaciones termales (tratamiento de enfermedades de las vías respiratorias); pesca de la trucha.
93 km

Hacia la dr. más allá (0,5 km) de Escalada, a 14 km (desviación hacia la dr. en el km 13) **Arroyuelos** y en (18 km) **Presillas, iglesias rupestres,** probablemente visigóticas o de principios del s. IX.

94 km: **Quintanilla de Escalada,** pueblo típicamente castellano, sobre la orilla derecha del Ebro, que se ha abierto aquí un **∗ paso** sinuoso con algunos pintorescos pueblos en el fondo de la garganta.

PUENTE VIESGO — VIVAR DEL CID

104 km: *Covanera,* pueblecito en medio de una abrupta región montañosa (iglesia románica).

Hacia la dr., a 4 km *Tablada del Rudrón* (iglesia románica con portada decorada, en el tímpano, con un sobrio relieve).

Hacia la izq., a 8 km por la carretera de Sedano. *Gredilla de Sedano* (iglesia románica del s. XII, con un relieve de la Anunciación en el tímpano de la portada). A 11 km seguir por la misma carretera, hasta Sedano y después torcer hacia la izq. 2 km más lejos, *Moradillo de Sedano* (iglesia románica del s. XII que se abre con una portada de tímpano ricamente esculpido).

147 km: **Vivar del Cid,** antiguo feudo donde el célebre héroe de la Reconquista pasó su infancia.

150 km: A la izq., ruinas del Monasterio de Fresdelval (propiedad privada; no se puede visitar). Fundado a principios del s. XV por Gómez Manrique, gobernador de Castilla, y terminado en el s. XVI, fue saqueado durante la invasión napoleónica.
156 km: **Burgos** (*V.,* it. 49); entrada por la carretera de Santander (Pl. E1).

EJERCICIO DE ACENTUACIÓN

—No lo puede evitar, abuela . . . . perdon. La primera vez, fue culpa mia: me lo aposte con el . . . . Pero las otras . . . . ¡Perdoname, abuela, he sufrido tanto! ¡Dios mio, lo he pagado tan caro! Me tenia en sus manos, me amenazaba con venir a decirtelo si no le entregaba mas y mas . . . . Yo no queria, pero el decia que si no continuabamos me delataria... Era horrible. No podia vivir. Y es que el tenia que reunir dinero, decia que para comprarse una barca y marcharse a las islas griegas. ¡Esta loco, si, loco! «Nunca podras —le decia yo—. Estan muy lejos». Pero el contestaba que eran pretextos para no darle mas dinero... Es un diablo, igual que un diablo... Me pegaba si no le obedecia... ¡Es mucho mas fuerte que yo!

(Ana María Matute, *Primera Memoria*, Ed. Destino, pág. 241.)

EN EL PRINCIPIO

Si he perdido la vida, el tiempo, todo
lo que tiré, como un anillo, al agua;
si he perdido la voz en la maleza,
me queda la palabra.

Si he sufrido la sed, el hambre, todo
lo que era mío y resultó ser nada,
si he segado las sombras en silencio,
me queda la palabra.

Si abrí los labios para ver el rostro
puro y terrible de mi patria,
si abrí los labios hasta desgarrármelos,
me queda la palabra.

(Blas de Otero.)

ME VIENE, HAY DÍAS
UNA GANA UBÉRRIMA, POLÍTICA...

Quiero, para terminar,
cuando estoy al borde célebre de la violencia
o lleno de pecho el corazón, querría
ayudar a reír al que sonríe,
ponerle un pajarillo al malvado en plena nuca,
cuidar a los enfermos enfadándolos,
comprarle al vendedor,
ayudarle a matar al matador —cosa terrible—
y quisiera yo ser bueno conmigo
en todo.

(Fragmento, César Vallejo.)

193

TRANSCRIPCION DEL ALFABETO CIRILICO

INGLES	FRANCES	ESPAÑOL	CIRILICO
A	A	A	а А
B	B	B	б Б
V	V	V	в В
G/GH-	G/GH-	G/GH-	г Г
D	D	D	д Д
No se encuentra en nombres propios ni de ciudad			дз Дз
DJ	DJ	Y	дж Дж
E	E	E	е Е
J	J/G	Y+voc/ J+con	ж Ж
Z/	S-/Z	S (sonora)	з З
I/EE/Y	I/Y	I	и И
I/EE/Y	I/Y	I/-Y	й Й
K	K	K	к К
L	L	L	л Л
M	M	M	м М
N	N	N	н Н
O	O	O	о О
P	P	P	п П
R	R	R	р Р
S	S-/-SS-	S	с С
T	T	T	т Т
OO/O	OU	U	у У
F	F	F	ф Ф
H/KH	KH	J	х Х
TS	TS	TS	ц Ц
CH	TCH	CH	ч Ч
SH	CH	SH	ш Ш
SHT	CHT	SHT	щ Ш
I/EE/Y	I/Y	I/-Y	ы
E	E	A	ь Ь
U-/YOU	IOU	IU	ю Ю
IA/YA	IA	IA	я Я

TRANSCRIPCION SIMPLIFICADA DEL ALFABETO ARABE

INGLES	FRANCES	ESPAÑOL	ARABE
A	A	A	ا
B	B	B	ب
T	T	T	ت
TH	TH	Z	ث
J	DJ	Y-CH	ج
H	H	H	ح
KH	KH	J	خ
D	D	D	د
D	DZ	D	ذ
R	R	R	ر
Z	Z	Z	ز
S	S	S	س
SH	SH	SCH-SH-CH	ش
D	D	D	ص
T	T	T	ض
TH	Z	Z	ط
(–)	(–)	(–)	ظ
GH	GH	G	ع
F	F	F	غ
Q	Q	Q	ف
K	K	K	ق
L	L	L	ك
M	M	M	ل
N	N	N	م
H	H	H	ن
W	OU	U	ه
Y-EE	Y	I-Y	و
			ي

En árabe no se escriben las vocales, pero en las transcripciones nos encontramos con algunas influencias del inglés o el francés:

E-EE	I	I	ـِ
OO	OU	U	ـُ

		Bilabial	Labio-dental	Dental y alveolar	Retro-fleja	Palato-alveolar	Alveolo palatal	Palatal	Velar	Uvular	Farin-gal	Glotal
CONSONANTES	Explosivas (oclusivas y africadas)	p b		t d	ʈ ɖ			c ɟ	k g	q G.		ʔ
	Nasales	m	ɱ	n	ɳ			ɲ	ŋ	N		
	Laterales fricativas			ɬ ɮ								
	Laterales no fricativas			l	ɭ			ʎ				
	Vibrantes múltiples			r						R		
	Vibrantes simples			ɾ	ɽ					R		
	Fricativas	Φ β	f v	θð sz ɹ	ʂ ʐ	ʃ ʒ	ʑ ʑ	ç j	x ɣ	χ ʁ	nʕ	ɦɦ
	Continuas no fricativas y semivocales	w ɥ	ʋ	ɹ				j (ɥ)	(w)	ʁ		
VOCALES	Cerradas	(y ʉ ʉ)						i y i u ɯ u				
	Medio cerradas	(ø o)						e ø ɤ o				
	Medio abiertas	(œ ɔ)						ɛ œ ə ʌ ɜ ɔ				
	Abiertas	(ɐ)						æ a ɐ a ɐ				

(Según el esquema de J. M. Blecua, Gramática Española, pág. 226)

CUADRO DE LOS FONEMAS DEL ESPAÑOL

Consonantes	Bilabial		Labio-dental		Dental		Inter-dental		Alveolar		Palatal		Velar	
	sorda	sonora	sorda	sonora	sorda	sonora	sorda	sonora	sorda	sonora	sorda	sonora	sorda	sonora
Oclusiva	p	b			t	d							K	g
Fricativa			f				θ		S			Y	X	
Africada											c			
Nasal		m								n		ɲ		
Lateral										l		ʎ		
Vibrante simple										r				
Vibrante múltiple										r̄				

Vocales					Anterior		Central		Posterior	
Cerrada					i				u	
Media					e				o	
Abierta							a			

Consonantes	Bilabial sorda	Bilabial sonora	Labio-dental sorda	Labio-dental sonora	Dental sorda	Dental sonora	Inter-dental sorda	Inter-dental sonora	Alveolar sorda	Alveolar sonora	Palatal sorda	Palatal sonora	Velar sorda	Velar sonora
Oclusiva	p	b			t	d							k	g
Fricativa		β	f				θ	ð	S	ιʂ		Ỵ	X	Y
Africada											c	ʎ		
Nasal		m		ŋ		ṇ		ṇ		n		Ɓɦ		η
Lateral						!		!		l		ʎ		
Vibrante simple										r				
Vibrante múltiple										r̄				

Vocales	Anterior	Central	Posterior
Semiconsonante	J		W
Semivocal	ʎ̯		ŭ
Cerrada	i		u
Media	e		o
Abierta		a	

ATENCIÓN

Fonemas	Representación ortográfica	Ejemplos
/b/	b v	balón, Bolivia vivir, venir
/φ/	z (+ a, e, i, o, u) c (+ e, i)	zona, Zaragoza, zig-zag ciruela, Cecilia, cielo
/g/	g (+ a, o, u) gu (+ e, i) g (+ ü + e, i)	ganar, gorra, gurú guerra, guitarra cigüeña, pingüino
/X/	g (+ e, i) j (+ vocal)	cirugía, génesis jamás, jota, julio, Jesús
/k/	c (+ a, o, u, o consonante) qu (+ e, i) k	casa, coser, cubrir, crema querer, quitar kilómetro
/r/	r	cara, caro, torero
/r̄/	r rr (entre vocales)	río, Ramón, alrededor, llamar carro, torre, barro

REGLAS DE ACENTUACIÓN ORTOGRÁFICA

Llevan tilde (´):

a) Las palabras oxítonas (---´) que acaban en **vocal, -n** o **-s**: mamá, café, nación, cortés. *[anotación manuscrita: agudas]*

b) Las palabras paroxítonas (--´-) que **no** acaban en **vocal, -n** o **-s**: López, mármol, útil, huésped. *[anotación manuscrita: llanas]*

c) Todas las palabras proparoxítonas (´---): líquido, médico, sílaba. *[anotación manuscrita: esdrújulas]*

Cuando el acento recae en una sílaba con diptongo, y de acuerdo con las reglas anteriores, la tilde ha de escribirse sobre la vocal más abierta: veréis, Cáucaso, situó.

Los monosílabos no llevan tilde, excepto cuando existen dos monosílabos iguales en su forma, péro con distinta función gramatical:

él (pronombre)	el (artículo)
tú (pronombre)	tu (adjetivo posesivo)
mí (pronombre)	mi (adjetivo posesivo)
sí (adv. afirmación)	si (conjunción)
sé (verbo)	se (pronombre personal)
dé (verbo)	de (preposición)
más (adverbio cantidad)	mas = pero (conjunción)
qué (interrogativo)	que (relativo)
cuál/cuáles (interrogativo)	cual/cuales (relativo)
sólo (adverbio)	solo (adjetivo)

En las palabras compuestas sólo se pone la tilde en la última palabra si le corresponde, según las reglas generales: decimoséptimo, entrevías.

Los adverbios en -mente conservan la tilde ortográfica, si les corresponde, en el primer elemento: ágilmente, lícitamente.

En los compuestos unidos por guión (-), cada elemento conservará su acentuación ortográfica: anglo-soviético, cántabro-astur.

Cuando el compuesto está formado por dos o más palabras que no llevan tilde, debemos colocarla si el resultado es un esdrújulo: di + se + lo ——————► díselo.

LA ENTONACIÓN

El grupo fónico es la unidad de entonación y se define como el fragmento de discurso comprendido entre dos pausas.

ENUNCIATIVA

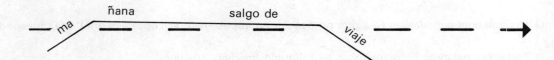

INTERROGATIVA

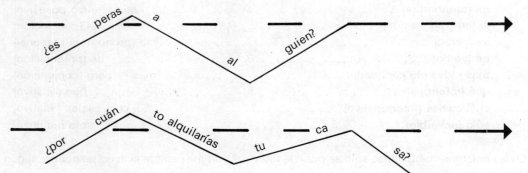

EXCLAMATIVA

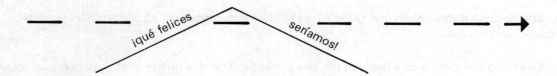

LOS SIGNOS DE PUNTUACIÓN

Los signos de puntuación vienen exigidos por la escritura, ya que sin ellos podría resultar dudoso y oscuro el significado de las cláusulas.

Los que se usan en castellano son: la coma (,), el punto y coma (;), los dos puntos (:), el punto (.), los puntos suspensivos (...), principio de interrogación (¿), fin de interrogación (?), principio de admiración (¡), fin de admiración (!), paréntesis (), diéresis (¨), comillas (''), guión (-), dos rayas (=).

La coma (,) corresponde a una pequeña pausa que se hace al hablar y que exige el sentido. Suelen ir entre comas:

> **Los vocativos.**
> **Los incisos que interrumpen momentáneamente el curso de la oración.**
> **Las locuciones y adverbios.**
> **Los elementos de una serie de palabras o grupos de palabras cuando no van unidos por conjunción.**

El punto y coma (;) marca una pausa más intensa que la coma, y menos intensa que el punto.

El punto (.) separa entre sí unidades autónomas de cierta extensión; va siempre al final de una oración.

El punto y aparte (.) marca el final de un párrafo.

El paréntesis () permite introducir en una oración una observación incidental. En lugar del paréntesis puede emplearse el guión.

Los dos puntos (:) sirven para anunciar una cita que se hace en estilo directo o para introducir una enunciación.

Los puntos suspensivos (...) señalamos con ellos que el hablante se interrumpe o que habla intermitentemente, que la enumeración podía prolongarse.

Las comillas ('') usamos de ellas para citar algo literalmente, para poner el título de las obras literarias, artísticas, etcétera.

VERBOS IRREGULARES

		INDICATIVO	SUBJUNTIVO	IMPERATIVO
ACERTAR	Presente	acierto	acierte	
		aciertas	aciertes	acierta
		acierta	acierte	acierte
		acertamos	acertemos	acertemos
		acertáis	acertéis	
		aciertan	acierten	acierten
ADQUIRIR	Presente	adquiero	adquiera	
		adquieres	adquieras	adquiere
		adquiere	adquiera	adquiera
		adquirimos	adquiramos	adquiramos
		adquirís	adquiráis	
		adquieren	adquieran	adquieran
ALMORZAR	Presente	almuerzo	almuerce	
		almuerzas	almuerces	almuerza
		almuerza	almuerce	almuerce
		almorzamos	almorcemos	almorcemos
		almorzáis	almorcéis	
		almuerzan	almuercen	almuercen
ANDAR	Indefinido	anduve	Imperfecto	anduviera/se	
		anduviste		anduvieras/ses	
		anduvo		anduviera/se	
		anduvimos		anduviéramos/semos	
		anduvisteis		anduvierais/seis	
		anduvieron		anduvieran/sen	
CABER	Presente	quepo	quepa	
		cabes	quepas	
		cabe	quepa	quepa
		cabemos	quepamos	quepamos
		cabéis	quepáis	
		caben	quepan	quepan

		INDICATIVO	SUBJUNTIVO	IMPERATIVO
CABER	Indefinido	cupe cupiste cupo cupimos cupisteis cupieron	Imperfecto cupiera/se cupieras/ses cupiera/se cupiéramos/semos cupierais/seis cupieran/sen	
		FUTURO	**CONDICIONAL**	
		cabré cabrás cabrá cabremos cabréis cabrán	cabría cabrías cabría cabríamos cabríais cabrían	
CAER	Presente	caigo caes cae caemos caéis caen	caiga caigas caiga caigamos caigáis caigan	caiga caigamos caigan
	Indefinido	caí caíste cayó caímos caísteis cayeron	Imperfecto cayera/se cayeras/ses cayera/se cayéramos/semos cayerais/seis cayeran/sen	
CONCEBIR	Presente	concibo concibes concibe concebimos concebís conciben	conciba concibas conciba concibamos concibáis conciban	concibe conciba concibamos conciban
	Indefinido	concebí concebiste concibió concebimos concebisteis concibieron	Imperfecto concibiera/se concibieras/ses concibiera/se concibiéramos/semos concibierais/seis concibieran/sen	

		INDICATIVO	SUBJUNTIVO	IMPERATIVO
CONCLUIR	Presente	concluyo concluyes concluye concluimos concluís concluyen	concluya concluyas concluya concluyamos concluyáis concluyan	concluye concluya concluyamos concluyan
	Indefinido	concluí concluiste concluyó concluimos concluisteis concluyeron	Imperfecto concluyera/se concluyeras/ses concluyera/se concluyéramos/semos concluyerais/seis concluyeran/sen	
CONOCER	Presente	conozco conoces conoce conocemos conocéis conocen	conozca conozcas conozca conozcamos conozcáis conozcan	conozca conozcamos conozcan
DAR	Presente	doy das da damos dais dan	dé des dé demos deis den	
	Indefinido	di diste dio dimos disteis dieron	Imperfecto diera/se dieras/ses diera/se diéramos/semos dierais/seis dieran/sen	
DECIR	Presente	digo dices dice decimos decís dicen	diga digas diga digamos digáis digan	di diga digamos digan
	Indefinido	dije dijiste dijo	Imperfecto dijera/se dijeras/ses dijera/se	

		INDICATIVO	SUBJUNTIVO	IMPERATIVO
DECIR	Indefinido	dijimos dijisteis dijeron	Imperfecto dijéramos/semos dijerais/seis dijeran/sen	
		FUTURO	**CONDICIONAL**	
		diré dirás dirá diremos diréis dirán	diría dirías diría diríamos diríais dirían	
DORMIR	Presente	duermo duermes duerme dormimos dormís duermen	duerma duermas duerma durmamos durmáis duerman	duerme duerma durmamos duerman
	Indefinido	dormí dormiste durmió dormimos dormisteis durmieron	Imperfecto durmiera/se durmieras/ses durmiera/se durmiéramos/semos durmierais/seis durmieran/sen	
ENTENDER	Presente	entiendo entiendes entiende entendemos entendéis · entienden	entienda entiendas entienda entendamos entendáis entiendan	entiende entienda entendamos entiendan
ENTRETENER	Presente	entretengo entretienes entretiene entretenemos entretenéis entretienen	entretenga entretengas entretenga entretengamos entretengáis entretengan	entretén entretenga entretengamos entretengan
	Indefinido	entretuve entretuviste entretuvo entretuvimos entretuvisteis entretuvieron	Imperfecto entretuviera/se entretuvieras/ses entretuviera/se entretuviéramos/semos entretuvierais/seis entretuvieran/sen	

	FUTURO		CONDICIONAL
ENTRETENER	entretendré entretendrás entretendrá entretendremos entretendréis entretendrán		entretendría entretendrías entretendría entretendríamos entretendríais entretendrían

		INDICATIVO	SUBJUNTIVO	IMPERATIVO
EXTENDER	Presente	extiendo extiendes extiende extendemos extendéis extienden	extienda extiendas extienda extendamos extendáis extiendan	extiende extienda extendamos extiendan
FREGAR	Presente	friego friegas friega fregamos fregáis friegan	friegue friegues friegue freguemos freguéis frieguen	friega friegue freguemos frieguen
HACER	Presente	hago haces hace hacemos hacéis hacen	haga hagas haga hagamos hagáis hagan	haz haga hagamos hagan
	Indefinido	hice hiciste hizo hicimos hicisteis hicieron	Imperfecto hiciera/se hicieras/ses hiciera/se hiciéramos/semos hicierais/seis hicieran/sen	

	FUTURO	CONDICIONAL	
	haré harás hará haremos haréis harán	haría harías haría haríamos haríais harían	

		INDICATIVO	SUBJUNTIVO	IMPERATIVO
IR	Presente	voy vas va vamos vais van	vaya vayas vaya vayamos vayáis vayan	ve vaya vayamos id vayan
	Indefinido	fui fuiste fue fuimos fuisteis fueron	Imperfecto fuera/se fueras/ses fuera/se fuéramos/semos fuerais/seis fueran/sen	

	FUTURO	CONDICIONAL
	iré irás irá iremos iréis irán	iría irías iría iríamos iríais irían

		INDICATIVO	SUBJUNTIVO	IMPERATIVO
JUGAR	Presente	juego juegas juega jugamos jugáis juegan	juegue juegues juegue juguemos juguéis jueguen	juega juegue juguemos jueguen
MENTIR	Presente	miento mientes miente mentimos mentís mienten	mienta mientas mienta mintamos mintáis mientan	miente mienta mintamos mientan
	Indefinido	mentí mentiste mintió mentimos mentisteis mintieron	Imperfecto mintiera/se mintieras/ses mintiera/se mintiéramos/semos mintierais/seis mintieran/sen	

		INDICATIVO	SUBJUNTIVO	IMPERATIVO
MOVER	Presente	muevo	mueva	
		mueves	muevas	mueve
		mueve	mueva	mueva
		movemos	movamos	movamos
		movéis	mováis	
		mueven	muevan	muevan
NACER	Presente	nazco	nazca	
		naces	nazcas	
		nace	nazca	nazca
		nacemos	nazcamos	nazcamos
		nacéis	nazcáis	
		nacen	nazcan	nazcan
OÍR	Presente	oigo	oiga	
		oyes	oigas	oye
		oye	oiga	oiga
		oímos	oigamos	oigamos
		oís	oigáis	
		oyen	oigan	oigan
OLER	Presente	huelo	huela	
		hueles	huelas	huele
		huele	huela	huela
		olemos	olamos	olamos
		oléis	oláis	
		huelen	huelan	huelan
PARECER	Presente	parezco	parezca	
		pareces	parezcas	
		parece	parezca	parezca
		parecemos	parezcamos	parezcamos
		parecéis	parezcáis	
		parecen	parezcan	parezcan
PEDIR	Presente	pido	pida	
		pides	pidas	pide
		pide	pida	pida
		pedimos	pidamos	pidamos
		pedís	pidáis	
		piden	pidan	pidan
	Indefinido	pedí	Imperfecto pidiera/se	
		pediste	pidieras/ses	
		pidió	pidiera/se	

		INDICATIVO	SUBJUNTIVO	IMPERATIVO
PEDIR	Indefinido	pedimos pedisteis pidieron	Imperfecto pidiéramos/semos pidierais/seis pidieran/sen	
PERDER	Presente	pierdo pierdes pierde perdemos perdéis pierden	pierda pierdas pierda perdamos perdáis pierdan	pierde pierda perdamos pierdan
PODER	Presente	puedo puedes puede podemos podéis pueden	pueda puedas pueda podamos podáis puedan	puede pueda podamos puedan
	Indefinido	pude pudiste pudo pudimos pudisteis pudieron	Imperfecto pudiera/se pudieras/ses pudiera/se pudiéramos/semos pudierais/seis pudieran/sen	

		FUTURO	CONDICIONAL	
		podré podrás podrá podremos podréis podrán	podría podrías podría podríamos podríais podrían	
PONER	Presente	pongo pones pone ponemos ponéis ponen	ponga pongas ponga pongamos pongáis pongan	pon ponga pongamos pongan
	Indefinido	puse pusiste puso pusimos pusisteis pusieron	Imperfecto pusiera/se pusieras/ses pusiera/se pusiéramos/semos pusierais/seis pusieran/sen	

FUTURO		CONDICIONAL	
PONER			
	pondré	pondría	
	pondrás	pondrías	
	pondrá	pondría	
	pondremos	pondríamos	
	pondréis	pondríais	
	pondrán	pondrían	

		INDICATIVO	SUBJUNTIVO	IMPERATIVO
PROBAR	Presente	pruebo	pruebe	
		pruebas	pruebes	prueba
		prueba	pruebe	pruebe
		probamos	probemos	**probemos**
		probáis	probéis	
		prueban	prueben	prueben
PRODUCIR	Presente	produzco	produzca	
		produces	produzcas	
		produce	produzca	produzca
		producimos	produzcamos	produzcamos
		producís	produzcáis	
		producen	produzcan	produzcan
	Indefinido	produje	Imperfecto produjera/se	
		produjiste	produjeras/ses	
		produjo	produjera/se	
		produjimos	produjéramos/semos	
		produjisteis	produjerais/seis	
		produjeron	produjeran/sen	
QUERER	Presente	quiero	quiera	
		quieres	quieras	quiere
		quiere	quiera	quiera
		queremos	queramos	queramos
		queréis	queráis	
		quieren	quieran	quieran
	Indefinido	quise	Imperfecto quisiera/se	
		quisiste	quisieras/ses	
		quiso	quisiera/se	
		quisimos	quisiéramos/semos	
		quisisteis	quisierais/seis	
		quisieron	quisieran/sen	

		FUTURO	CONDICIONAL	
QUERER		querré	querría	
		querrás	querrías	
		querrá	querría	
		querremos	querríamos	
		querréis	querríais	
		querrán	querrían	

		INDICATIVO	SUBJUNTIVO	IMPERATIVO
REÍR	Presente	río	ría	
		ríes	rías	ríe
		ríe	ría	ría
		reímos	riamos	riamos
		reís	riáis	
		ríen	rían	rían
	Indefinido	reí	Imperfecto riera/se	
		reíste	rieras/ses	
		rió	riera/se	
		reímos	riéramos/semos	
		reísteis	rierais/seis	
		rieron	rieran/sen	
SABER	Presente	sé	sepa	
		sabes	sepas	
		sabe	sepa	sepa
		sabemos	sepamos	sepamos
		sabéis	sepáis	
		saben	sepan	sepan
	Indefinido	supe	Imperfecto supiera/se	
		supiste	supieras/ses	
		supo	supiera/se	
		supimos	supiéramos/semos	
		supisteis	supierais/seis	
		supieron	supieran/sen	

		FUTURO	CONDICIONAL	
		sabré	sabría	
		sabrás	sabrías	
		sabrá	sabría	
		sabremos	sabríamos	
		sabréis	sabríais	
		sabrán	sabrían	

		INDICATIVO	SUBJUNTIVO	IMPERATIVO
TENER	Presente	tengo	tenga	
		tienes	tengas	ten
		tiene	tenga	tenga
		tenemos	tengamos	tengamos
		tenéis	tengáis	
		tienen	tengan	tengan
	Indefinido	tuve	Imperfecto tuviera/se	
		tuviste	tuvieras/ses	
		tuvo	tuviera/se	
		tuvimos	tuviéramos/semos	
		tuvisteis	tuvierais/seis	
		tuvieron	tuvieran/sen	
		FUTURO	**CONDICIONAL**	
		tendré	tendría	
		tendrás	tendrías	
		tendrá	tendría	
		tendremos	tendríamos	
		tendréis	tendríais	
		tendrán	tendrían	
		INDICATIVO	**SUBJUNTIVO**	**IMPERATIVO**
TRAER	Presente	traigo	traiga	
		traes	traigas	
		trae	traiga	traiga
		traemos	traigamos	traigamos
		traéis	traigáis	
		traen	traigan	traigan
	Indefinido	traje	Imperfecto trajera/se	
		trajiste	trajeras/ses	
		trajo	trajera/se	
		trajimos	trajéramos/semos	
		trajisteis	trajerais/seis	
		trajeron	trajeran/sen	
VALER	Presente	valgo	valga	
		vales	valgas	vale
		vale	valga	valga
		valemos	valgamos	valgamos
		valéis	valgáis	
		valen	valgan	valgan

		FUTURO		CONDICIONAL
VALER		valdré valdrás valdrá valdremos valdréis valdrán		valdría valdrías valdría valdríamos valdríais valdrían

		INDICATIVO	SUBJUNTIVO	IMPERATIVO
VENIR	Presente	vengo vienes viene venimos venís vienen	venga vengas venga vengamos vengáis vengan	ven venga vengamos vengan
	Indefinido	vine viniste vino vinimos vinisteis vinieron	Imperfecto viniera/se vinieras/ses viniera/se viniéramos/semos vinierais/seis vinieran/sen	

	FUTURO	CONDICIONAL
	vendré vendrás vendrá vendremos vendréis vendrán	vendría vendrías vendría vendríamos vendríais vendrían

		INDICATIVO	SUBJUNTIVO	IMPERATIVO
VER	Presente	veo ves ve vemos veis ven	vea veas vea veamos veáis vean	vea veamos vean
	Indefinido	vi viste vio vimos visteis vieron	Imperfecto viera/se vieras/ses viera/se viéramos/semos vierais/seis vieran/sen